中華文明十二讲

刘 伟 主编

张岂之 王 巍 杨圣敏 等 撰文

上海交通大学出版社
SHANGHAI JIAO TONG UNIVERSITY PRESS

内容提要

中华民族伟大复兴，离不开文化的复兴。文化复兴是文明全方位呈现的前奏，这是文化自觉、自省、自信的过程，最后达到文明自现。中华文明有过辉煌，有过暗淡，有过曲折，由于其共同的价值理念、深沉的文化力量、“拈花一笑”的领悟，虽历经磨难，在中华民族伟大复兴的道路上，终究获得重生，以灿烂之光照耀大地。

本书选取十二位历史、考古和文化名家就“中华文明”这一话题展开演绎，让读者置身于5000年光辉灿烂的中华文明长河中，深度感知中华文明的鲜活和厚重，触摸中华民族精神的奔腾脉搏，进而深刻领悟中华文明的精神内涵。

图书在版编目（CIP）数据

中华文明十二讲/刘伟主编；张岂之等撰文．—上海：上海交通大学出版社，2018

ISBN 978-7-313-19197-7

Ⅰ．①中…　Ⅱ．①刘…②张…　Ⅲ．①中华文化—研究　Ⅳ．①K203

中国版本图书馆CIP数据核字（2018）第060716号

中华文明十二讲

主　　编：刘　伟　　　撰　　文：张岂之等
出版发行：上海交通大学出版社　　　地　　址：上海市番禺路951号
邮政编码：200030　　　电　　话：021-64071208
出 版 人：谈　毅
印　　制：上海盛通时代印刷有限公司　　　经　　销：全国新华书店
开　　本：880mm×1230mm　1/32　　　印　　张：6
字　　数：127千字
版　　次：2018年8月第1版　　　印　　次：2018年8月第1次印刷
书　　号：ISBN 978-7-313-19197-7/K
定　　价：45.00元

序

《光明日报·光明讲坛》与上海交通大学出版社合作举办过实体讲坛，出版过学者演讲结集。此次上海交大出版社慧眼拾珠，从《光明日报·光明讲坛》数百篇演讲稿中精选出十二篇，结集出版《中华文明十二讲》，我为他们点个大赞。

这十二个主讲人，均是中国当今学界顶尖学者，十二篇演讲稿，从文化自信、文明源流、宗教、民族、考古、名著解读等，不同侧面展示了中华文明的魅力，篇篇精彩，字字珠玑。开卷品读，得到一次精神的熏陶、思想的享受。

在科学技术和经济社会高速发展的今天，传播优秀文化，传播中华文明，显得非常有必要，这是出版人的责任，更是媒体人的份内之事。

人类学家路易斯·亨利·摩尔根（Lewis Henry Morgan）在《古代社会》一书中将人类社会分为三个阶段，即蒙昧时期、野蛮时期和文明时期。在经历了农牧文明、工业文明，是否可以认为，以互联网为标志，现今的人类社会已进入“科技文明”或者是“智能文明”阶段？当然有学者认为，现在我们还处在工业文明阶段。工业革命进行了三次，由蒸汽化、电气化到计算机化，现在正在发生第四次工业革命：智能化。无论怎样，人类社会是不断文明化的过程。文明是人类社会进步最重要的标志，但在物质文明高度发达的同时，精神文明不可或缺。人类社会共同的目标无非就是物质和精神两种文明达到最完美的结合。

如何以学术性语言描述中华文明，其内涵是什么？与文化有什么关系？我知之甚少，力有不逮，不敢妄加判断。但我知道，文明，对中国人有起码的约束，有世世代代传承的教诲，有口口相授的社会伦理和道德遵循。

在当今时代，物质文明高度繁荣，也显示出了精神层面的相对缺乏和不相匹配。如自私自利凸显，集体主义精神匮乏，因而传承与奉行中华文明十分重要。我们每个人，无论常识如何、地位如何，都有补上中华优秀文化课的必要。有了一定的文化修养，才能呈现一定的文化气质，从而达到一定的文明程度。唯有此，我们的内心才能生出正能量，身上才能焕发出精气神。

我以为，文化有其独特性，文明有其普遍性。中华文明可以影响别国的区域、别的人种和民族，但其文化内核的独特性不会变。经济强弱可以更替，文明程度不能照搬。中华民族伟大复兴，离不开文化的复兴。文化复兴是文明全方位呈现的前奏，这是文化自觉、自省、自信的过程，最后达到文明自现。中华文明有过辉煌，有过暗淡，有过曲折，由于其共同的价值理念、深沉的文化力量、“拈花一笑”的领悟，虽历经磨难，在中华民族伟大复兴的道路上，终究获得重生，以灿烂之光照耀大地。

《光明日报》的光明讲坛版创办于2006年，多年来，以传播中华传统优秀文化、传播人类文明共同的价值观为己任，在知识界读者中享有良好声誉。很多专家学者喜欢将自己满意的演讲稿或学术讲稿投给光明讲坛版，该版编辑或是约稿，或是约请举办专门的讲座，专家学者亦是慨然应允。正因为诸多专家学者对《光明日报》奉以广博文化知识的滋养，才使得本报透出特立于媒体之林的风华。

2017年4月，我在西安参加陕西公祭黄帝学术研讨会，张岂之先生在会上有个“黄帝陵是中华文明精神标识”的演讲，我向先生约稿，岂之先生欣然应允。回到北京数日后，即收到岂之先生的弟子陈战峰教授发来的邮件。张岂之先生在此篇演讲稿中讲到，“文化自信是国家兴衰的命脉、民族精神独立的基石。中华5 000年文明史连绵不断，就在于其文化层面渗透着溯本求源的辩证精神、天人合一的和谐精神、人格养成的首先精神、博采众长的文化会通精神、以天下为己任的经世致用精神，以及奋发图强、生生不息的民族团结精神等”。

中华民族伟大的复兴离不开优秀文化的复兴，而文化的复兴与中华文明的传承息息相关。我想，中国梦实现之日，应该就是中国全方位呈现物质文明、政治文明、精神文明、社会文明和生态文明之时。说到底，五大文明就是新时代所追求的新境界。

历史学家、考古学家对中华文明的历史有不同的说法。有3 000年之说，有5 000、6 000年之说，且不管远古历史具体时间如何，中华文明与其他文明却有共同耀眼时段，这是共识。德国哲学家、历史学家卡尔·雅斯贝尔斯（Karl Jaspers）

在1949年出版的《历史的起源与目标》一书中提出：以公元前500年为中心，公元前80年至公元前200年之间，是人类文明的轴心时代。在这个时代，不同文明地域出现了伟大的文化先驱、宗教先驱。如古希腊的苏格拉底、柏拉图、亚里士多德；古印度的释迦牟尼；古中国的孔子、老子等。这些先驱的精神，一直到现在还是人类社会文明程度的主要基石。

中华民族是“多元一体”。中华文明在文化的呈现中具有多样性，也有统一性。我们邀请杨圣敏先生在中央民族大学举行了“多元一体：中国民族关系的历史传统”的演讲。我很欣慰，在人人离不开手机的年代，那天来听讲座的人很多，不仅报告厅座无虚席，连过道都坐了不少听者。

在这个十二篇讲座的册子里，我免不了提一下段清波，段老师是秦陵兵马俑首任考古队长，他在收入此册子里的“长城与城：中华文明的见证”一文中说：“长城不是中华大地上一道道自然的、物理的、僵死的、割裂的、逐渐消失的人工堆砌物，而是一条条连贯的、前后相续的、始终涌动的、奔腾的、鲜活的、与历史交融的、蕴含文化意义的伟大遗存。长城是中国5 000年文明半数历程的见证者，帝国历史与长城建造相始终，长城与帝国文明彼此成就。”段教授为证明“中心城市是文明的典型标志”，专门带我去了塬上，就地踏勘王莽时期的一个天坑。我们从广袤的田野中走下那个隐秘的天坑，段老师指点四周，提出疑问，天坑应该是个文明符号，可能就是王莽新朝拜天祭祀的地方，如同北京的天坛。

我因此而浮想联翩。文明对西方人来说是特有的精神，对东方人来说，是特有的气质。

光明讲坛刊发王巍先生的“中华文明的形成”演讲稿，也有偶然性。2016 年 8 月，兰州市委宣传部与《光明日报》联合主办了一场“黄河彩陶文化峰会”。国内考古界名家王巍、陈星灿、李水城、林梅村、韩建业等到场。王巍作了精彩演讲。我们的编辑当场约稿，王老师慨然应允，并在往来电子邮件中，对稿子精心修改。他认为“西汉时期中国与西亚交流不仅是丝绸之路，还是粟黍西传之路、小麦东传之路、冶金术东传之路，是文化交流的经典之路线。上述的文化交流对于中国黄河流域以及中亚、西亚地区文明的形成发挥了重要的推动作用”。他这个观点，对我们认识中华文明与其他地域文明的相互传播与影响提供了一个视角。

的确，中华文明里，“和”是一个重要的呈现内容。“人类命运的共同体”就是基于“和而不同”的理念。在这个纷繁而喧嚣的时代，我们中国人以独特的气质追求“和”：和睦，和平，和气，和悦，和谐。如果说什么是中华民族最基本的气质，我以为就是“温和”“祥和”。威而不怒，含蓄。即便是突破“和”的底线，也是后发制人，点到为止。

中国向世界提供“人类命运共同体”的理念，就是因为“和”也是人类文明的共同追求。中华文明在社会层面既讲“和”，也讲“礼”，更讲“理”。对个人而言，核心就是“道德”。经过漫漫千年，道德的力量已渗透在中国人的血脉里，成为中华文明不可或缺的组成部分。陕西师范大学张新科教授是研究《史记》的大家。我们专门到陕西师范大学请他作一讲座。他在题为“《史记》体现出的中华民族精神”的讲座中这样评价道：“西周时，‘敬德’思想就已成为衡量国君的一个重要条件。要真正做人，就必须注重道德修养。”

2015年春，受《光明日报》之邀，著名经济学家厉以宁先生在北京定福庄文化产业论坛上作演讲。他有一段精彩的论述：人类社会传承靠什么力量调节？靠的是道德力量的调节。在大动乱年代中，市场是失灵的，政府是瘫痪的，但人类社会延续下来了，这种延续靠的就是道德的力量。市场调节靠市场规律；政府调节靠法规秩序，这是有形的，社会调节，更重要的要靠道德的力量，这是无形的。

塞缪尔·亨廷顿（Samuel Huntington）在《文明的冲突与世界秩序的重建》一书结尾部分有深邃的一问，其意义深远，令人感慨，令人浮想联翩。我权作为此序的结尾：

“现代化在全世界提高了文明的物质水平，但是，它是否也提高了文明的道德和文化水平呢？”

刘伟

《光明日报》原副总编辑

2018年2月23日

目　录

文化自信：国家兴衰的命脉 民族精神独立的基石

张岂之

1927年生，江苏南通人，著名历史家、思想史家、教育家。笔名栗子、谭心，长期从事中国思想史研究。1946年考入北京大学哲学系。1949年受侯外庐先生关于中国思想史的专题课的影响，开始中国思想史研究。1950年北大毕业，考入清华大学哲学系读研究生。1952年赴西北大学任教。现任西北大学教授、博士生导师，清华大学双聘教授，西北大学中国思想文化研究所所长，西北大学名誉校长，《华夏文化》（季刊）主编。2016年荣获第二届“全球华人国学终身成就奖”。

1997年春节，著名的社会学家、民族学家费孝通先生在北京与老朋友们聚会曾经这样说：“七年前，在80岁生日那天，我说过下面的话：‘各美其美，美人之美，美美与共，天下大同。’这里‘各美其美’，是指一个民族、一个国家自立于世界民族之林，要有对自己国家和民族的文化认同，在这个基础上，才能进到‘美人之美’，即肯定世界文化的多样性，每个国家、民族都对人类优秀文化做出过贡献。更高的目标则是‘美美与共’，人类的优秀文化成为世界上各民族、国家的共同精神财富，达到这一步，应当是‘天下大同’时代的到来。”

没有文化自觉也不会有文化自信。文化不只是文化事业中的某些内容，文化自信是国家兴衰的命脉，是民族精神独立的基石。没有文化自信，就不可能实现中华民族的伟大复兴。

文化自信包含五个认同

2016年5月17日，习近平总书记在哲学社会科学工作座谈会上指出：“坚定中国特色社会主义道路自信、理论自信、制度自信，说到底是要坚定文化自信，文化自信是更基本、更深沉、更持久的力量。”

2016年11月30日，习近平总书记在中国文联十大、中国作协九大开幕式上的讲话，对文化自信作了进一步论述，他说：“坚定文化自信，是事关国运兴衰、事关文化安全、事关民族精神独立性的大问题。没有文化自信，不可能写出有骨气、有个性、有神采的作品。”

我认为，习近平总书记论述的文化自信包含五个认同，现在分述于后。

第一，文化自信应认同：中华文明从人文初祖轩辕黄帝开始，5 000 多年没有中断，这在世界上是仅有的。2015 年 9 月 3 日，是我国抗日战争胜利 70 周年。抗日战争始于 1931 年，日军入侵中国东北，中国人民经过 14 年抗日战争，于 1945 年取得伟大胜利。在 9 月 3 日阅兵式上，习近平总书记的讲话两次提到 5 000 多年的中华文明。他说抗日战争的胜利“捍卫了中华民族 5 000 多年发展的文明成果”，“中华民族创造了具有 5 000 多年历史的灿烂文明，也一定能够创造出灿烂的明天”。

第二，文化自信应认同：文化自信反映了中华文明对人类文明的重大贡献。2014 年 3 月，国家主席习近平访问欧洲，27 日在联合国教科文组织总部的讲演中说：“中国的造纸术、火药、印刷术、指南针四大发明带动了世界变革，推动了欧洲文艺复兴。”

马克思早就指出：“火药、指南针、印刷术是预告资产阶级社会到来的三大发明。”

第三，文化自信应认同：世界上不同国家和民族都对人类文明做出了贡献，我们必须尊重世界文明的多样性。联合国规定每年 5 月 21 日为“世界文化多样性促进对话和发展日”，我国积极参加了这方面的活动。

2014 年 3 月，国家主席习近平在联合国教科文组织总部的讲演中有针对性地指出：“每一种文明都是独特的。在文明问题上，生搬硬套、削足适履不仅是不可能的，而且是十分有害的。一切文明成果都值得尊重，一切文明成果都要珍惜。”

第四，文化自信应认同：在中国，国家统一、民族融合为中华文明的繁荣发展奠定了坚实的基础。中国自古以来就是一个多民族国家。中华各民族日益密切的交往、团聚和统一的过程，也是民族大融合的过程。各民族经过迁徙、杂居、通婚和各种形式的交流，在文化上互相学习，在血统上互相融合，逐渐形成了共同的文化心理特征。特别是在近代以来，中华各民族共同反抗外国侵略者，为实现中华民族伟大复兴而努力奋斗。各族人民在中国共产党的领导下站立起来、富起来、强起来。

从历史来看，中国与西方有许多差别。早在先秦时期，我国就有华夏、东夷、北狄、西戎和百越五大民族集团。中国的主体民族——汉族的形成，就是各民族大融合的结果。汉族能够在历史上起主导作用，不仅是因为它人口众多，更重要的是因为它有比较先进的生产方式，比较发达的经济和文化。历史上有过少数民族入主中原进行统治的时期，比如鲜卑（北魏）、契丹（辽）、女真（金）、蒙古（元）和满（清）。当他们进入中原以后，不仅未能改变汉族原有的生产方式和文化传统，反而逐渐接受了汉族文化，由此进一步推动了汉族文化与少数民族文化的交流、融合与发展。

战国时代，我国不同地域的文化存在着明显的差异。秦始皇于公元前 221 年统一六国后，试图汇合地域文化，但没有成功。汉并天下后，到汉武帝执政时期，经过数十年的战争，地方分裂势力基本被肃清，地域文化也大体上完成了汇合的历史过程。与这个总的形势相适应，汉武帝实行“罢黜百家，独尊儒术”的国策，以汉族为主体的多民族文化共同体才真正形成。这个文化共同体虽然以儒学为主导，但并没有阻碍其他学派思想文化的传承发展，由此面临思想文化会通的问题，在唐、宋时期，儒、道、释的融合会通将中华文化推进到一个新阶段。

第五，文化自信应认同：中华文化具有独特的汉字文化系统。汉字最初有甲骨文、金文，秦始皇为统一汉字书写，采用小篆。我国各地乡音不同，但书面语言相同，这使得中华文化的传承与发展有了保证。文字的统一，有效促进了不同地域思想文化交流和国家政令畅通，对实现国家统一和多民族融合发挥了重要作用。文字的统一与各地方言乡音并存，在相同中保留特色。

在中国，独特的语言文字，又有多样的书写形式，于是形成了独特的书法艺术。书画同源，中国书法艺术又和中国国画（水墨画）结合，成为中华艺术宝库中的一部分。

中华民族有 5 000 多年的文明史

古人说："观乎人文，以化成天下。"文化就是文明所产生的正面社会作用。

黄帝和炎帝是中国远古传说中的人物，这些传说经过文字加工，保存在先秦时期的一些文献中。

传说不都是虚构，只要有佐证，其中就有可信的部分。关于黄帝及其历史贡献，经司马迁（公元前 145 年—公元前 90 年）在《史记》中的叙述，以及后来中国考古学关于中华文明起源的探讨，都说明中华文明的序幕在黄帝时期被揭开。

司马迁说，关于神农氏以前的事他不了解，在《史记》中不写燧人、伏羲、神农“三皇”之事。他写《五帝本纪》，作为中华历史的开篇，“五帝”之首就是黄帝（五帝：黄帝、颛顼、帝喾、尧、舜）。

根据《史记·五帝本纪》，加上对中华文明起源的考古研究，我们认定黄帝时代距今有5 000多年。

关于中华文明有5 000多年的历史，我国历史学家、考古学家们已有不少研究成果发表，将继续推进这方面的研究。众所皆知，世界上有四大文明古国。两河流域文明，即幼发拉底河、底格里斯河产生的巴比伦文明；再一个是埃及文明，即尼罗河文明，金字塔是它的象征；还有印度古文明，起源于南亚次大陆。

中华文明连绵不断、没有中断过。从黄帝肇始，到春秋时期（即公元前770年至公元前476年，简称为公元前8世纪至公元前5世纪）、战国时期（即公元前475年至公元前220年，简称为公元前5世纪至公元前3世纪），已有2 000多年的文明创造。春秋战国时期，中华文明异彩纷呈、百家争鸣，有儒家、道家、阴阳家、法家、名家（逻辑学家）、墨家、纵横家（外交家）、军事家、杂家、农家，还有在街头巷尾讲故事的“小说家”。“百家之学”的昌盛文化局面，渗透着溯本求原的辩证精神、天人合一的和谐精神、人格养成的道德精神、博采众家之长的文化会通精神、以天下为己任的经世致用精神，以及奋发图强、生生不息的民族团结精神等。

在距今2 500多年的春秋末期，儒、墨、道学派的代表人物孔子、墨子和老子，都有他们自己的历史观与社会观，影响了后来中国历史和社会的发展。孔子自述："丘也闻有国有家者，不患寡而患不均，不患贫而患不安。"主要是贫富分化的问题，而不是财富绝对值大小的问题，因而治国者应当在"均"和"安"上下功夫。

孔子对上古尧、舜的功业给予很高评价，认为他们是后代治国理政的典范。到战国时期，子思、孟子等继承孔子思想，面对当时社会与民众的苦难，提出了"仁政"理想。孟子在关于"王道"与"霸道"的争议中，坚持"王道"不但要使民众有自己的财产，更加重要的是要推行儒家教化，以孝悌仁义提高人们的道德操守，建立良好的社会风气。

春秋末期墨家学派以"兼爱""尚同"作为社会生活的基本准则，宣传"有力者疾以助人，有财者勉以分人，有道者劝以教人。若此，则饥者得食，寒者得衣，乱者得治"。墨子认为，社会生活中之所以存在不公平的乱象，原因在于人与人不相爱。只有从兼相爱、交相利出发，才能改变这种状况。为此需要择天下贤良之士从事政事。

春秋末期的老子，在理想社会的追求上与儒、墨不同，他把对自然现象的观察引入政治社会理想。他说："天之道损有余而补不足。人之道则不然，损不足以奉有余。"由此来看，社会的贫富悬殊与"天道"不合。他的理想社会是返璞归真，小国寡民。

儒、墨、道三家都关注社会现实问题的研究，从现实出发，反思历史，展望未来，形成理论，这是中华优秀传统文化的特色。

今天，中国特色社会主义文化，就是从中华优秀传统文化遗传基因中产生发展起来的。

“中华文明的精神标识” 与史书

黄帝陵在今陕西省黄陵县，历朝历代的华夏儿女都到这里祭祀黄帝，成为中华文明的精神标识。

中华文明的精神标识体现在：在氏族部落的繁衍过程中，黄帝统一了黄河流域的大片土地，成为中原部落联盟的首领。当时，国家雏形确立、文字初现，人们制作车、船，学会打井、养蚕和缫丝，推进原始农业，制作冠冕衣裳，部落中又设官治民，为中华民族的多元统一奠定了物质和教化基础。后代子孙们推崇黄帝、祭祀黄帝，认定黄帝是中华的人文初祖。

中华文明的精神标识是我们民族精神的源头，陕西省黄陵县的黄帝陵是这个源头的象征，“不论树的影子有多长，根永远扎在这里”。

人们了解“中华文明的精神标识”，需要读史。

司马迁，今陕西韩城人，他撰写的《史记》，是中华的第一部通史。司马迁在《史记·太史公自序》中介绍了他父亲司马谈的《六家之要指》；“六家”即六个思想文化学派：阴阳、儒、墨、名、法、道德（即道家）。司马谈受汉初“黄老之学”的影响，对道家的思想文化予以很高的评价。汉武帝时“罢黜百家，独尊儒术”，因而司马迁推崇孔子和儒学，在《史记》中写了《孔子世家》，并为孔子的弟子们立传，称孔子为“至圣”。这些对中华思想文化有很大影响。

还要提到东汉时期史学家班固（公元 32 年—公元 92 年），

今陕西咸阳人，他继承父业，用二十多年时间完成了《汉书》，即西汉时期历史的大部分。《汉书》是中国第一部完整的断代史。

《汉书》中有《艺文志·诸子略》，包含儒、墨、道、法、阴阳、名、纵横、杂、农、小说诸子十家的思想观点。《诸子略》有言，“诸子十家，可观者九家而已，”对于在街头巷尾说故事的小说家是否可称之为“家”，尚可讨论；认为各家的思想观点“相反而皆相成也。《易》曰：‘天下殊途而同归，一致而百虑’”，正因为中华文明有“百家之学”兼容并包这样的优良传统，才能长期传承发展。

西汉时期，玉门关和阳关以西的地域即今新疆乃至中亚地区，被称为“西域”。汉武帝时，张骞（公元前 164 年—公元前 114 年），今陕西城固人，艰苦备尝，用 13 年时间，获得关于西域的认知，对汉朝的政治、经济、文化有很大影响。后来又第二次去西域。张骞通西域，使汉王朝的声威和汉文化的影响传播到西域，又由此传到欧洲；当时的中国以文明和富强的政治实体而闻名于世。

东汉时期，被封为“博望侯”的班超（公元 32 年—公元 102 年）也为通西域做过重大贡献，这不但是物产、经济互通，而且是文明的交流互鉴。

关于两汉时期丝绸之路的状况，我们读了《汉书·西域传》就会有明晰的印象。唐宋时期又有“海上丝绸之路”的开拓，将中外联结起来。这些历史的认知有助于我们今天对筑梦“一带一路”的理解。一部中国历史实际是中华文明传承发展的历史，读史才能更好地知今。

文献典籍保证了中华文明根脉的传承发展

为何说中华文明 5 000 多年没有中断？从中华浩如烟海的文献典籍中即可看到。

习近平总书记在哲学社会科学工作座谈会上的讲话，对中华文献做了这样的评价："中国古代大量鸿篇巨制中包含着丰富的哲学社会科学内容、治国理政智慧，为古人认识世界、改造世界提供了重要依据，也为中华文明提供了重要内容，为人类文明做出了重大贡献。"

这里举儒学"十三经"来说明。儒家的经书称之为"经天纬地之作"，言其重要性，西汉时有《诗》《书》《礼》《易》《春秋》"五经"。东汉时，"五经"加《孝经》《论语》成"七经"。唐朝时，《礼》分为《周礼》《仪礼》《礼记》，《春秋》有《左传》《公羊传》《谷梁传》，加上《周易》《尚书》《诗经》成为"九经"，后又加《论语》《孝经》《尔雅》成为"十二经"，宋代"十二经"加《孟子》形成"十三经"。

儒家的经书从"五经"到"十三经"，这是社会演进的需要。这些被认为是"经天纬地之作"的经书，包含了中华优秀传统文化中的珍品。它们的社会思想作用在于：一是维护我国传统社会中尊卑贵贱的分野，使之各尽其职、各安其分。二是这些经书对个人的道德修养，以及如何对待家庭、社会、国家的责任都有明确的论述，起了以文化人的作用。

还要提到，这些经书的普及版，如《三字经》《弟子规》等，在中国传统社会起了一定的教化作用。在这方面，我们要力求做到创造性的转化工作，对于过去的少儿启蒙读物，吸取其中的某些精华，而不是完全搬来，机械模仿。

2017 年 1 月底，新春佳节前夕，中共中央办公厅、国务院办公厅印发《关于实施中华优秀传统文化传承发展工程的意见》，全文共四大部分，论述了从 2017 年至 2025 年实施中华优秀传统文化传承发展工程的重要意义、总体要求、主要内容、重点任务、组织实施和保障措施。其中的“主要内容”共有三项：一是阐释中华优秀传统文化的核心思想理念；二是宣传中华传统美德；三是发掘中华人文精神。

《意见》与国民教育紧密联系，提出：“把中华优秀传统文化，全方位融入思想道德教育、文化知识教育、艺术体育教育、社会实践教育各环节。”还应“推动高校开设中华优秀传统文化必修课，在哲学社会科学及相关学科专业和课程中增加中华优秀传统文化的内容”。这些需要我们深入学习，准确领会，使之落实。

中华文明中包含独特的科学精神

这是一个长久被人们忽略的问题，十分可惜。有人只承认西方近代的科学精神（从牛顿开始），否认中华有自身独特的科学精神。现在已到应加以澄清的时候了。

2015 年 12 月 7 日下午，中国科学家屠呦呦获得诺贝尔奖，在瑞典卡罗琳斯卡医学院用中文发表了题为《青蒿素：中医药给世界的礼物》的讲演，其中阐述了中国的科学精神。

在中国古代的许多医学典籍中都有关于青蒿治病的记载。

至于如何从植物中提取青蒿素，制作成为适合人用的药物，需要科学家们进行研究。经过屠呦呦及其团队的反复试验，得到从青蒿素中提取抗疟成分的启示，制成了药品，在非洲和其他地区使用，取得了很大疗效。屠呦呦在讲演中说："通过抗疟药青蒿素的研究历程，我深感中西医药各有所长，二者有机结合，优势互补，具有更大的开发潜力和良好的发展前景。……中医药从神农尝百草开始，在几千年的发展中积累了大量临床经验，对于自然资源的药用价值已经有所整理归纳。通过继承发扬，发掘提高，一定会有所发现，有所创新，从而造福人类。"

屠呦呦获得2015年诺贝尔生理学或医学奖，是世界对中国科学精神的认定和赞扬。

中国第一部编于战国时代、在西汉时期写定的医学经典《黄帝内经》，托名黄帝撰，实际是战国时诸多医学家共同完成的，包括《素问》《灵枢》两大部分，共18卷，162篇。《素问》的内容偏重中医人体生理、病理学、药物治疗的基本理论。《灵枢》主要论述针灸理论、经络学说和人体结构等。

《黄帝内经》中有阴阳五行学说、儒家思想、墨家思想、道家思想，还有法家的若干见解。此外，名家、兵家等的某些成分也被吸纳，体现了博采众家之长的特色，说明中国医药学是百家之学的融会贯通。

2015年12月22日，习近平总书记致信祝贺中国中医科学院成立60周年，其中说："中医药学是中国古代科学的瑰宝，也是打开中华文明宝库的钥匙。"可见人们要全面理解中华文明，需要研究和阐述中国古代的科学精神。

司马迁的名言“究天人之际，通古今之变，成一家之言”（《汉书·司马迁传》）。在“天人之学”中包含有中国古代的科学技术，从天文历算、中医药学、古地理学、古化学、古建筑学中都可看到“天人之学”的卓越成果。中华文明中有自己独特的科学精神，这是必须加以肯定的。

张载“横渠四句”与中华文化

河南、陕西之间有函谷关，关以西称“关中”。张载（公元1020年—公元1077年）祖上为大梁，今河南开封，后来迁到陕西郿县的横渠镇，他在这里讲学，人们称他为“张横渠”。

张载的思想是通过对《周易》和《孟子》的阐发而表述的，他提出：“为天地立心，为生民立命，为往圣继绝学，为万世开太平。”这四句话被称为“横渠四句”或“横渠四句教”。

第一句“为天地立心”。张载认为，人有见闻之知，这近似于我们今天所说的感性认识。除此，人还有德性之知。德性之知来源于战国中期孟子的“尽心”论。孟子认为：君子应充分发挥“大心”的作用；“大心”和我们今天所讲的理性认识有相似之处。张载加以发挥，认为人有见闻之知，又有德性之知。“为天地立心”，就是沿着孟子的思路，用理性认知来思考天地万物之理。

第二句“为生民立命”，这是孔子、孟子儒学坚守的信念。孔子说：为百姓解除患难，尧和舜这些圣人也没有完全做到。张载将儒学的志向称之为“为生民立命”，这符合儒学的基本信念，也反映了他所生活的北宋的社会状况。当时人们面临两大困苦：一个是土地兼并，再一个是边患。土地兼并造成农民生活困难，张载在关中的郿县曾试图解决，把一些田地分给无地和少地的农民，但没有造成全国影响。总之，张载所说的“为生民立命”讲的是解决百姓们的患难困苦。

第三句“为往圣继绝学”。张载讲的“绝学”指的是以孔子、孟子为代表的儒学传统。在张载看来，孟子以后没有出现过继承孔、孟思想的学人，儒学中断，成为“绝学”。唐朝韩愈虽然写了《原道》一文，提出了儒学的道统论：从西周文王、武王到春秋时孔子再到战国时孟子，这是儒家的道统，但韩愈并没有实现这个理想的实践行为。张载认为，他创立的关学，才是上接孔孟道统的传人，而且要以实际行动来实现儒家的理想，以此作为自己的使命。

第四句“为万世开太平”。这是从学术的大方向去看振兴儒学的目标，既坚守儒学一贯的经世致用原则，同时解决北宋时期的边患和土地兼并问题。

习近平总书记在哲学社会科学工作座谈会上指出：“自古以来我国知识分子就有为天地立心，为生民立命，为往圣继绝学，为万世开太平的志向和传统。”这里指的就是张载的“四句教”。又说：“一切有理想、有抱负的哲学社会科学工作者都应该立时代之潮头、通古今之变化、发思想之先声，积极为党和人民述学立论、建言献策，担负起历史赋予的光荣使命。”习近平总书记从一千多年前张载的“四句教”引申到今天的现实，提出我国哲学社会科学工作者应当具有的担当精神。

中华文明是中华民族之魂

慎终追远，继承发展前人的美好理想，并加以经世致用，这在我国古代被认为是中华文明传承发展的表现。“文明”一词不是外来语，《尚书·舜典》中的“睿哲文明”，指治国理政者应当具有文明的美德。《疏》的解释说：“经天纬地曰‘文’，照临四方曰‘明’。”在中华历史文献中对“文明”的赞美很多，如《易大传》有“见龙在田，天下文明”“其德刚健而文明，应乎天而时行，是以元亨”的文字，认为具有文明美德的君子能与时俱进，其事业重要而美好。与“文明”相对的是愚昧野蛮，由此产生了“文野之分”的理论，赞美前者、反对后者，这一直是中华儿女熟记于心的箴言。

文化交流与中华文明的形成

王　巍

1954 年生于吉林省长春市。1982 年初毕业于吉林大学历史系考古专业后，进入中国社会科学院考古研究所工作。分别于 1990 年和 1996 年获日本九州大学和中国社会科学院双博士学位。德国考古研究院通讯院士，美洲考古学会终身外籍院士。

现为中国社会科学院学部委员（院士）、中国社会科学院考古研究所所长、研究员、《考古》主编，中国社会科学院研究生院教授委员会执行委员兼历史学部主任、教授、博士生导师；中国社会科学院有突出贡献专家，享受政府特殊津贴。研究领域为夏商周考古和东亚地区古代文明形成过程及其古代文化交流的考古学研究。2004 年以来，担任跨学科大型研究项目——“中华文明探源工程”的首席科学家。

大量考古成果表明，汉代正式开通的丝绸之路文化交流，早在数千年前已经开始。这条路线不仅是丝绸之路，还是粟黍西传之路、小麦东传之路、冶金术东传之路，是文化交流的经典路线。“文明因交流而多彩，因互鉴而丰富”，不同国家和地区之间的文化交流，一定会使交流的双方都从中获益，给自身的文化和社会的发展带来活力。

在习近平总书记提出共同建设丝绸之路经济带战略构想的大背景下，丝绸之路这条历史形成的人类文化交流的经典路线，必将在21世纪的今天焕发出新的更为蓬勃的生机。在首届敦煌文博会开幕前夕，以黄河上游文化为主线，探讨中国文明起源和史前丝绸之路等重大课题，具有重要意义。

玉器的早期传播

马家窑文化彩陶

以玉为美，以玉为贵，将玉比德，崇尚玉是中国文明的特点之一。最初是以玉为美。在中国古代人的观念中，玉就是石中美者。最初是选择具有特殊色泽或质感的石头作为装饰。随着社会的发展，社会出现了贫富的分化，权贵阶层把自己掌握的这些珍贵的玉石器作为等级的象征，这就是以玉为贵。后来人们把玉和祥瑞、德性相联系，这就是将玉比德。

最早以玉为美的时期，可以追溯到距今约8 000年前的史前时期。最主要的是玉玦和玉坠饰。什么是玉玦呢？就是玉耳环。世界上最早的玉耳环出现在距今 8 000 年，在内蒙古赤峰一带被发现。20 世纪 80 年代末 90 年代初，兴隆洼遗址在赤峰被发掘，村落被宽两米、周长 500 多米的椭圆形围沟环绕，里面上百座房子分成几排，每个房子规模有大有小，但是排列得很整齐，其中少数房屋的地面之下发现有墓葬，部分墓葬的墓主人佩戴着玉耳环。出土的玉耳环直径最大 6 厘米，一般是 3 厘米左右。其中玉玦里的玦王很精美，制作得相当精致。这里的玉器除了耳环之外，再就是吊坠，吊在胸前的，这是一套的组合。有大有小，有不同的形式，除了扁的还有高一点的。基本上都是一对耳环带一个吊坠，而且并不是所有人都能戴，只有少量人可以，可见，8 000 年前就开始出现了社会分化的迹象。

史前时期的玉玦除了东北地区赤峰这一带，还有 20 世纪 70 年代浙江河姆渡遗址出土的玉玦，它在浙江的北部余姚，靠近宁波被发现，遗址距今约 7 000 年前。这个遗址因为出土了当时最早的水稻而声名远播。这里出土的玉玦和玉坠的形状虽然同兴隆洼遗址所在的辽河流域距离很远，但是两者在形式、装饰组合上的一致性是值得关注的。以这个为契机，我在近 30 年前去日本留学的时候，发现日本也出土有玉玦和玉坠，而且同我国出土的形状和组合也是一样的。20 世纪 90 年代末、21 世纪初，我发现这类的玉有一个分布的范围，从中国的东北部到江浙一带，再到日本北海道、俄罗斯沿海州，形成了一个玉玦的分布圈。在这个地域范围内，玉的构成除了玉玦之外，还都有吊坠同出，这个组合也是一致的。我觉得这不是偶然。至于年代问题，兴隆洼是 8 000 年前，河姆渡是 7 000 年前，俄罗斯沿海州不到 7 000 年前，日本更晚一点，大概 6 000 年或者5 000 多年前。

经过对玉玦的观察，可以看出，玉玦是先制成一个玉环，然后再用细绳蘸水加上解玉砂在玉器表面反复磨，磨出一个豁口。具体有两种方法：在日本早年出土的玉玦，一种是绳子从里往外磨出来，外侧是宽的；还有一种，从外往里磨。我们发现在兴隆洼遗址中，玉玦的开口方法有两种，河姆渡遗址出土的玉玦也同样有两种方法，表明在这个时候这两种方法在中国的南方和北方同时被采用。

我们再看看俄罗斯沿海州的方法，通过实验证明，那里加工玉器的方法与第二种方法雷同。日本桑野遗址玉的制作，跟我们的兴隆洼是一样的，无论形式、与吊坠的结合、磨制方法都是一样的。而且日本的历史上没有更早发现玉器的记录，由此我们推断，日本的玉玦和玉坠很有可能是受中国的影响。另一个例证，日本比较早的玉玦，不是在距长江下游比较近的九州地区发现，而是在日本海沿岸，接近北海道地区，这两个地区都距离河姆渡遗址较远。

兴隆洼这种用绳子加解玉砂对玉料的切割加工方法我们叫作线切割，这种技术大致分布在中国的东部。这个方法现在看来最早是在 8 000 年前的兴隆洼文化发明的，是不是还有更早的有待于我们研究。总之，鉴于东北亚这一广阔地区的玉玦的形制大体相同，并且都和玉坠构成一套组合，特别是制作方法方面存在的一致性，我们有理由认为，他们很有可能具有同一个来源。兴隆洼文化的玉玦年代最早，它有可能是东亚地区玉玦的祖源。玉玦被发明之后，一直被作为中华文化的代表性装饰品之一，沿用至中国的商周王朝时期，后来逐渐被金属制的耳环所取代。

小米起源自我国

如果没有比较发达的农业，没有人口显著的增加并聚集成为城市，那么，农业文明就无从谈起。我们发现，小米是中国北方地区文明起源的重要基础。世界农业有几个起源中心，中国是其中之一，除此以外，还有西亚的小麦、非洲的高粱、美洲的玉米等。

中国北方地区史前时期的主要农作物是粟和黍，南方地区（长江流域）是稻作农业。所谓粟和黍就是谷子和糜子，都是小米，谷子是一般的小米，黍是黏的小米。

在世界范围内，欧洲、西亚其实也有小米，黍曾被认为最早是在 7 000 年前的西亚地区起源的。但在 2003 年，我们在内蒙古赤峰发掘的兴隆沟遗址，发现了 8 000 年前的小米，包括粟和黍。到底哪儿是小米的原产地呢？中国和西亚以及欧洲的粟和黍究竟是两个不同中心，具有各自的起源，还是只有一个起源地？这个问题只靠我们考古学家是解决不了的。于是，中外顶级的植物考古专家合作，用科学的办法对中国和西亚、欧洲的小米进行多种分析手段研究。首先，科学“测年”成了解决问题的基础。我国有便利的条件对小米进行“测年”。我们采用浮选法，把从考古发掘的居住址出土的土放在容器里加水，一些植物的种子就会浮起来，再经晾干，就得到了很多当时植物的种子。我国旱作农业的起源区很可能在河北山西一带。近年，在北京市西部的门头沟区遗址发现了距今 9 000 多年前的粟和黍，但量很少，且尚未正式发表研究成果。现在比较确凿的是，我国最早的粟和黍出现在距今 8 000 年。美国、加拿大、日本、中国等国的高精度测年仪器对兴隆洼遗址中浮选出来的碳化的黍进行测年，结果都是距今 7 600 多年。

在兴隆沟遗址出土这批粟和黍之前，学术界认为世界上最早的黍是西亚出土的，有 7 000 年的历史，欧洲出土的黍有 5 000年历史。但是，最新的高精度测年研究表明，这两个地区的黍都没有长于“4 500 岁”的，比我国发现最早的黍晚得多。即使我国发现的黍年代比西亚和欧洲的时间早，也并不能直接证明它们之间有传播的关系。现在我们采取基因考古的方式对粟和黍的基因进行研究。基因研究的结果表明，世界上所有的粟和黍都是来自同一个起源地，这个起源地就是中国的北方地区。所以说分布在世界范围内的小米都是起源于中国的北方地区。

基因研究还有一个很重要的成果就是发现黍的黏性基因是起源于中国北方之后传到欧洲的。小米被发明之后，在中国的文明形成过程当中发挥了重要的作用，直至小麦传入，数千年来，它一直是北方地区人们的主食。

总之，植物考古和基因考古双重显示小米起源于中国的北方，无论是粟和黍都是这样，小米栽培以后从中国的北方向外传播。考古证据表明，尤其是 DNA 研究表明，至迟在距今 4 500年前，黍已经传播到了中亚地区并继续向西传播，大约 3 500年前已经到达了东欧地区。另外一个品种不黏的小米——粟在距今 4 000 年前向南传到东南亚和南亚地区，但是在那边没有发现黏的黍，可见各地对外来因素的接受、吸收也是有选择的。

小麦自西亚经河西走廊传入中国？

小麦起源于西亚，大约产生与距今 9 000 年前，距今 7 000 年前到 6 000 年前小麦传播到伊朗高原北部，它与当地粗山羊草杂交形成六倍体的普通小麦。小麦是美索不达米亚、古埃及、古印度、古希腊、古罗马等古代文明赖以生存的主要粮食作物。

中国境内小麦遗存测年一览表

遗址	小麦遗存获取途径	相对年代	绝对年代推测 BP	推测的依据
河南登封王城岗	考古发掘	二里头晚期	ca. 3640～3520	遗址文化性质和其他物质测年结果
河南禹州瓦店	考古发掘	龙山时代	ca. 4260～4150	遗址文化性质和其他物质测年结果
河南邓州八里岗	考古发掘	龙山晚期	大约 4000	遗址文化性质
河南新密新砦	考古发掘	新砦期	ca. 3910～3830	遗址文化性质和其他物质测年结果
河南偃师二里头	考古发掘	二里头四期	ca. 3510～3480	遗址文化性质和其他物质测年结果
陕西扶风周原	考古发掘	先周时期	ca. 3080～2870	遗址文化性质和其他物质测年结果
甘肃天水西山坪	环境调查剖面采样	——	4650 cal. a BP	根据剖面沉积物的沉积速率推算出的相对年代
青海互助丰台	考古发掘	卡约文化	ca. 3200～2800	遗址文化性质和其他物质测年结果

通过现在对中国境内发现的最早的小麦本身进行测年，可以推测小麦传入中国北方地区的年代不早于距今 5 000 年。传入的路线，基本上是通过西亚经丝绸之路传到中国内地。一般来说中亚是小麦传入中国的中介站，河西走廊应该是小麦主要的传入路线。但是，黄河下游山东胶州地区的小麦测年后发现

有一粒是 4 500 年前的，早于河西走廊发现的小麦。这是测年的误差导致的，还是小麦另有传入路线？这两种可能性都有。我认为小麦是通过河西走廊传入，但也有专家认为北边还有一条，就是所谓的欧亚草原的大通道。

截至目前，在我国发现的距今 3 000 年的早期小麦考古遗址有 30 余处，其中对近百例小麦遗存进行了测年，为探讨小麦传入中国的时间提供了相对可靠的年代数据。综合分析 30 余处考古遗址出土早期小麦遗存的年代信息，我们可以得出这样的结论，至迟在距今 4 000 年以前，小麦已经传入到中国境内。根据山东胶州赵家庄遗址出土小麦遗存的年代判断，小麦传入中国的时间有可能早到距今 4 500 年，由于这个年代目前仍然是孤证，最终的定论还需要更多的考古资料支持。

黄牛和绵羊自河西走廊传入我国

中国传统的家畜——猪，大约至少有 8 000 多年的历史，甚至有人说 9 000 年，狗也是我们的先民们自己驯化的。在距今 5 000 年以前中国境内的遗址中，都没有发现黄牛和绵羊，发现的时间基本上都是距今 4 000 年左右，而且多数比较集中在甘肃、青海这一带。DNA 的分析表明大约在 5 000 年前在黄河上游地区发现了家养绵羊。然后越往东越晚，大约在 4 000 年以前，在黄河中游地区发现了家养绵羊的证据。黄牛的发现时间分布在距今 5 000 年到 4 000 年，黄河上中下游都有分布。黄牛的形态有各种各样的，各个遗址都有代表性的黄牛骨骼出土，包括甘肃大何庄。在做中华文明探源工程的过程中，通过使用DNA 的方法，我们在我国西北地区发现的年代比较早的黄牛和绵羊的基因中都发现了在西亚起源黄牛和绵羊的基因。

甘肃省天水市赵村和西山坪遗址发现的黄牛遗存应该是迄今为止在中国境内发现的最早的家养黄牛。最早的黄牛、绵羊、小麦都是在甘肃出土发现。所以我们可以说中国古代的黄牛，大概在距今 5 000 年前从中亚地区传入甘肃，然后逐渐传入黄河中下游地区的。

冶金术自西亚经甘肃传入

绝大多数中国学者认为冶金术来自西亚。冶铜术出现在西亚的年代不晚于距今 7 000 年，在我国至少有 5 000 年的历史。迄今我国境内出土最早的铜器是甘青地区马家窑文化的青铜刀，还有锥子等器物，它们基本上都是出土在甘肃河西走廊这一带。

河西走廊地区早期冶金遗存分布点

西城驿遗址位于张掖市明永乡下崖村西北 3 公里处，介于张掖黑水国南城城址和北城城址之间，东距黑水河约 10 公里，紧邻 312 国道。地处黑河流域中段西侧的冲积扇台地。在探源工程中，为了揭示河西走廊地区早期冶金面貌，探讨中国早期冶金技术，我们对张掖西城驿遗址进行了发掘，同时开展河西走廊地区早期聚落研究，2010 年—2013 年，联合开展了 4 个年度的发掘工作。4 年共发掘了 1 350 平方米，发现史前时期的房址 90 座，墙体 19 段，窖穴或垃圾坑 357 个，灶坑 12 个，灰沟 19 条，墓葬 19 座；获取陶器、石器、骨器、铜器、玉器、碳化作物、冶金遗物等各类遗物两千余件（份）。最为引人瞩目的是出土了相当数量的铜器，主要有锥、环、刀、条等，并发现了制作铜镜和权杖头所用的范。铜器随着年份的推移逐渐增多。各期段均以铜锥为主。

西城驿铜器的材质二期以红铜为主，三期以合金为主，合金技术日益成熟。这个遗址提供了大约距今 4 000 年到 4 200 年之间的冶铜技术的情况。从矿料来源来看，河西地区北为天山——北山成矿省，南为祁连成矿省，蕴藏着大量的矿产资源。矿源可能就在河西走廊地区。

从西城驿发掘及调查情况来看，河西走廊发现冶金遗存的遗址间看不出生活资料或矿物资料的供求关系；各遗址在聚落内独立完成冶炼、合金配比、器物生产等；比中原地区夏代的制作铜器的产业链简单，比辽西地区红山文明的产业链略微复杂；可能与社会复杂程度相关。

这个遗址的发掘的重要意义就是对中国早期冶金起源及相关问题研究提供了重要的资源，特别是为早期东西文化交流，尤其是冶金术的传入情况提供了重要的资料。简单总结来说，铜制品可能在距今 5 000 年左右，已经进入到河西走廊，冶铜技术最晚在距今 4 500 年已经传入甘肃地区，然后继续向东传入黄河中游地区。

需要指出的是，冶金术在传入中原地区之后取得了巨大的发展，成为中华文明一个重要特色。西亚的铜器基本上都是兵器、装饰品、工具，但是传入中国之后，青铜容器的铸造技术被发明了。随着青铜容器的制作技术不断成熟完善，青铜容器与等级身份联系起来，只有高级贵族才能拥有青铜器，从而形成青铜礼器的制度。另外铜料和铜器的制作都被王权所控制，由专业的手工作坊来制作，这也是中华文明的重要特点。

尧、舜、禹的“尧”这个时期的陶寺遗址在山西南部被发现，很可能是尧的都城。这个城址面积将近 300 万平方米，已经出现了明显的功能分区，有宫殿区、仓储区、居住区和墓葬区。墓葬有 1 000 余座，其中大型墓葬出土了陶龙盘、陶鼓、鼍鼓、大石磬、玉器、彩绘木器等表明等级身份的高等级文物，尤其是出现了铜器，表明当时社会已经有明显的分化。这些发现引起海内外学术界的关注。现在的研究表明，青铜器冶铜技术传入中国之后，产生了两个区域的中心，一个是西北地区以河西走廊这一带为代表，延续到西亚中亚，主要是装饰品、武器和小件的工具。另一个在黄河中原地区，它主要精于青铜容器的制作及礼器的制作，形成了一个真正具有中华文明特色的冶铜中心。

位于洛阳东郊的偃师二里头遗址，是夏代后期的都城。在该遗址的中部，发现了内有多座宫殿的宫城。在与此宫城仅一路之隔的另一个围墙围绕的区域内，发现了制作铜器和绿松石等高等级物品的作坊，生产的铜器非常精致，仅在较高等级的墓葬中随葬。这表明这些高等级物品的生产已经被王权所控制，成为持有者等级身份的象征物——礼器。这个时候，从西亚传入的冶金术经过了将近一千年的发展，已经进入一个新的阶段，即青铜文明。

结语

大约在距今一万年前，生活在中国北方地区的史前先民开始了粟、黍的栽培。距今 8 000 年前，粟作农业取得了一定程度的发展。此后，旱作农业技术逐渐向西、向南传播，大约距今 4 500 年，黍向西传播到中亚地区，并继续向西，至迟在距今 3 500 年前，已经传播到了东欧地区。大约与此同时，粟向南传播到了东南亚山地，为其他地区文明的形成提供了重要基础。

距今 4 500 至 5 000 年前，原产于西亚地区的大麦和小麦传入中国。与此同时，原产于西亚地区的黄牛和绵羊也通过河西走廊传入中国。同样是在距今 4 500 至 5 000 年前，发明于西亚地区的冶金术通过河西走廊地区传入中国。

需要强调的这几项传播的年代都是在距今 4 500 至 5 000 年前，如黄牛、绵羊、小麦、冶金术。我觉得这一点是偶然的，反映出这个时期史前文化交流非常活跃。而这一传播路线也是汉代正式开通的丝绸之路的线路，说明经过这个路线的文化交流早在新石器时代就已经开始。从这个意义上来说，这条路线不仅是丝绸之路，还是粟黍西传之路、小麦东传之路、冶金术东传之路，是文化交流的经典路线。距今 4 500 至 5 000 年前正是各个地区早期文明形成的时期，也是史前文化快速发展、社会结构显著变化的时期。上述的文化交流对于中国黄河流域以及中亚、西亚地区文明的形成起了重要的推动作用。

在中国境内的广大地区，随着史前文化的发展，各个地区之间的交流日益活跃，相互之间的关系逐渐密切。在史前农业初步发展的基础上，史前人们的精神生活日益丰富。距今8 000 年前，作为中华文化最具代表性的特征之一——以玉为美的习俗开始出现。兴隆洼文化玉玦和玉坠的组合及其制作技术向南、向东传播，至迟 7 000 年前，到达长江下游地区。向东北传播到俄罗斯沿海州和日本列岛中部，成为古代东方史前至夏商周时期文明的代表性装饰。

距今大约 5 500 年前后，中原地区的势力集团强势崛起。以庙底沟文化彩陶为代表的文化因素向周围地区施以强烈的影响，第一次形成了以中原地区为中心的历史文化格局的雏形。

距今 5 300 年前后，西辽河流域、长江下游和中原地区，都大约同时出现了龙的形象。其中，尤以西辽河流域的红山文化和安徽南部的凌家滩文化为代表的文化遗存相似性最为突出，如都流行以玉为贵的风俗。玉器中都流行玉龙、玉鸟、玉龟、玉人，且造型特点存在着相似之处。这反映出，相距千里的两地之间，上层社会之间确实存在着联系。中华文明特点之一的多元一体的历史格局正在逐步酝酿、形成。

距今 4 300 年前后，中国中东部地区内各个区域之间的联系更加密切。中原地区比较多地吸收各个地区先进的文化因素，形成了各地文化因素向中原地区汇聚的态势。这应当与尧、舜、禹集团通过联盟的形式扩大力量的策略有关。与此同时，长江中下游等原来比较发达的区域文明因自然环境的变化等原因而导致农业受到毁灭性打击，社会机构崩溃而逐渐衰落，自身的文明化进程出现挫折，转而进入以中原地区为核心的轨道上来。

距今 3 700 年左右，夏代后期的二里头文化强势崛起，对周围加以前所未有的文化辐射。中原王朝发明的礼仪用具——牙璋和陶质酒器向周围地区扩散，最南抵达中国香港和越南。这一时期，以中原王朝为中心的历史格局正式形成。

一系列的考古发现表明，中华文明是土生土长的原生文明，是具有自己特点的产生和发展过程。在它的起源和形成过程中，其内部各个区域文明之间相互交流、相互竞争、相互影响，使其不断保持活力。正是在这一时期，各自独立起源的区域文明，相互交融，走向以黄河中游的华夏集团为中心的多元一体的中华文明。与此同时，中华文明也与外部其他文明相互交流，相互影响、学习、吸收、借鉴，共同促进了世界文明的发展。

多元一体：中国民族关系的历史传统

杨圣敏

1951 年生，中央民族大学教授、博士生导师。教育部社会科学委员会委员，中国民族学学会会长、中国人类学会副会长。研究领域主要为中国民族社会文化与历史，包括民族关系、民族起源、民族生态问题与社会发展问题等。1998 年被教育部评为“跨世纪优秀人才”，2006 年被教育部评为“国家级教学名师”。主要著作有《回纥史》《资治通鉴突厥回纥史料校注》《中国民族学六十年》《干旱地区的文化》等。

中国民族关系的主流

中国的56个民族，几千年来一直共同生活在东亚这片土地上，大部分时间是统一在一个国家之内，虽然文化各有特色，但没有哪个民族是封闭的，在经济文化上一直互相交流和依靠，历来是我中有你，你中有我，关系日益紧密，逐渐形成了一个多元一体的中华民族。

中华民族自秦统一至今两千多年的历史，也有分裂的时候，但分裂的时间是比较短的，而且分裂时各地方和民族政权也都努力争取统一。统一是中国历史的主流。也就是说，多民族的统一国家，多元一体是中国历史的主流。

这不仅是我们对中国历史的总结，也是与世界各国对比时归纳出的特点。例如，与中国几十个民族统一在一个国家内的历史不同，欧洲是多元多中心的传统，即一个民族一个国家。

在欧洲大陆，自公元476年西罗马帝国灭亡至今1 500多

在塔吉克族人家中（左一戴帽者为杨圣敏）

年来，就再也没有统一过。在此后的“中世纪”，欧洲长期处于大大小小割据的封建领主和分裂的天主教与东正教教会的统治之下。分处于各领地内的欧洲人首先认为自己是基督徒，其次是某一贵族领地的属民，民族的意识则很淡漠，更没有国家的概念。在中世纪，英格兰、法兰西和德意志等只是一些地域概念，不是民族概念。16 世纪文艺复兴以后，欧洲资产阶级力量崛起，他们以民族为旗号整合力量反对领主的割据，对抗罗马教皇和各地主教的宗教统治，努力建立起一个个新的统一政权，他们宣称：每个民族都需要有一个独立自主的国家保护自己的利益和生存，民族的利益是创建国家和国家存在的理由和目的。因此，这些民族与国家合为一体，称为民族国家。到 18 世纪以后，欧洲就逐渐建立起了多个单一民族的资产阶级国家，如法兰西民族的法国、日耳曼民族的德国、意大利民族的意大利等。于是，在欧洲，现代意义的多个民族和国家同时形成了。在这个过程中，各民族国家为了凝聚力量和扩大势力范围，曾掀起民族中心主义的运动，如泛日耳曼主义、泛斯拉夫主义、泛意大利主义和大俄罗斯主义等。各国政府在国际上以民族为旗号竞争势力范围，在国内排斥少数民族，实行同化政策，这就造成欧洲鲜明的多元多中心，即一个民族一个国家的局面。美国建国时也继承了欧洲的传统，主张建立单一的以白人为主的美利坚民族的国家，对于少数民族，只承认其是具有不同文化的“亚群体”，不承认这些“亚群体”在政治上与主体民族的平等地位。

至今美国和很多欧洲国家的政府仍以这种观念制定政策，处理民族关系。即在政治上不承认少数民族，只承认少数民族个人的公民身份，不承认其民族身份。这种不承认政策自然导致了少数民族的不满甚至反抗。2010 年法国政府大规模驱逐罗姤人（吉普赛人）和“隐性同化”政策导致法国民族冲突，这样的政策导致法国民族冲突事件的不断加剧。更突出的例子是在土耳其，土耳其政府长期不承认库尔德民族，导致了库尔德人大规模的分离主义运动。

西方一些政府歧视少数民族的政策，也导致了少数民族对政府和国家的敌视。例如，2008 年美国的佐格比民意测验显示：43％的拉美裔美国人和 40％的非洲裔美国人支持分裂的权利；33％的非洲裔美国人表示他们会支持分裂主义运动。

与欧洲一个民族一个国家不同，历史上中国各民族长期生活在一个统一的国家之中，统一的国家之内有多种文化、多种经济、多种政体。这是中国与西方多数民族国家不同的历史特点，也是中国与西方不同的政治和文化传统。

因此，中国人在民族关系上的传统观念是：不强求一致，主张多元一体。在此原则下，主张合，不主张分，主张天下一家。

天下一家的原因

中国人说“天下一家”已经几千年了。春秋时代，古人就说：“四海之内，皆兄弟也。”

“王者欲一乎天下，以天下为一家”（《礼记·王制》）。汉高祖统一全国后说“定有天下，以为一家”（《汉书·高祖纪》）。自古以来，中国作为多民族统一的泱泱大国，数千年代代相传，这种“天下一家”，绵延不绝的宏伟现象，在世界史上是罕见的，却不是偶然的，自有其必然的原因和深厚的基础，即内向型的地理环境，“和而不同”“夷夏一体”的观念，密切的经济联系与多元一体的政治制度。

内向型的地理环境

中国的地理环境，由于其天然特点而自成一个半封闭的、内向型的区域。这种环境一方面阻隔了和这个区域以外的交通；另一方面又保证了区域内各地区各民族之间的密切交往。

中国北方和东北是辽阔的蒙古高原和兴安岭林区，这一区域之北和东方则是寒冷的西伯利亚和大海。自古以来，这里相继是北狄、东胡、匈奴、肃慎、鲜卑、柔然、突厥、回纥、契丹、蒙古和女真等民族盘马弯弓、游牧狩猎的场所。这些民族发展的方向都是面向南方和西南方的中原，几千年来这些游牧和狩猎民族就像涨潮的海浪一样，一浪一浪地涌向华北大平原。

中国的西北边陲，古称西域，是一个南、北、西三面崇山峻岭环绕的区域，只有东边敞开，向东北可进入蒙古草原，向东南，沿河西走廊可直达甘、青地区和富庶的关中平原。这里自古相继有塞人、乌孙、月氏、匈奴、突厥、回纥和蒙古准噶尔部等部居处。这些古代的部落与民族，也都以东部的中原和蒙古草原为主要的交流和发展方向。

中国的西南边界则由世界最高的一列山脉，海拔 5 000 米以上的喜马拉雅山和沟深水急的横断山脉连接而成，构成世界最难以逾越的天险屏障。在这片区域中，自古就生活着藏、门巴、珞巴、回、彝、羌、白、苗、傣等几十个民族。受西南方天险屏障的阻挡和中原繁荣的经济文化吸引，这些民族活动和发展的方向也都是东北方的中原。

这种内向型的地理环境促进了数千年来几十个民族之间密切的交流和向中原地区的凝聚。

“和而不同” 与 “夷夏一体” 的观念

中国与欧洲在国家与民族关系上的不同政策，既是不同的历史发展道路使然，也是不同思想传统的产物，即与自古以来双方在哲学思想上的差异有关。中国与欧洲早期的宗教和哲学都是二元论的，基督教和儒家思想都主张世界是二元的。但西方的二元是绝对对立的，互相排斥的，是有起点有终点的线性思维。中国哲学则认为二元是相对的，相生相克的，互相依存的。早在三千年前以阴阳说为核心的《易经》就是这样解释世界的。在春秋时，中国的哲学就有“和、同”之辩。否认矛盾，不承认差异的同一，古人称为“同”；承认有矛盾，有差异的统一性，古人称为“和”。孔子将这种对世界普遍性的认识应用于伦理学，就说“君子和而不同，小人同而不和”（《论语·子路》），也就是说追求彻底的同一，在伦理上是小人所为，在政治上也不会有好的结果。也就是承认差异，承认差异的正当性与和谐相处的世界，才应是人们所追求的和谐局面。这样的哲学思想，是几千年来“夷夏一体”和多元一体政策的重要思想根源。

中国几千年的历史，很多民族的成员都做过皇帝（汉族以外，还有鲜卑、契丹、蒙古、满族等），所以，中国的传统强调“夷夏一体”，统一并不是消灭不同的文化与民族，而是主张“夏中有夷，夷中有夏”。

孟子说：“三代之得天下者，以仁；其失天下也，以不仁。天子不仁不保四海，诸侯不仁不保社稷。”“不仁而得国者，有之矣；不仁而得天下者，未之有也”（《孟子·尽心》）。对于多民族的国家而言，什么是维护统一的仁政呢？最基本的一点就是“和而不同”的天下观和政策。

在这种天下观指引下，唐太宗说：“王者之于万物，王天覆地载，靡有所遗。”“我在，天下四夷有不安安之，不乐乐之。”他还说：“夷狄亦人耳，其情与中夏不殊。人主患德泽不加，不必猜忌异类。盖德泽洽，四海可使如一家。”“自古皆贵中华，而贱夷狄，朕独爱之如一。”

中国几千年的封建王朝，虽一直有民族歧视和压迫的存在，但同时，如果没有“和而不同”“夷夏一体”的思想和相应的施政措施，中国就不可能几千年维持如此大的疆域和多民族统一的国家。对于汉族和少数民族建立的中央政权来说，都是如此。

统一的经济基础

纵观历史，世界曾有很多疆域广大的帝国，如亚历山大帝国、罗马帝国、奥斯曼帝国等。

为什么都崩溃了？斯大林说：“这些帝国不曾有自己的经济基础，而是暂时的不巩固的军事行政的联合体。”古代的中国与这些帝国明显不同的一点是，自古以来各民族、各地区之间密切而又互相依存的经济联系。这种经济上的联系，形成了一种自然的凝聚力，不以人的主观意志为转移，是几千年来四边少数民族都向中原发展的动力，也是中国各民族之间关系日益密切的基础。

多元一体的政治制度

中国数千年来，一直实行中央集权与“羁縻”制度并存的政治制度，即在中央集权制度之下，允许多种类、层次的管理制度与多种类型的社会经济文化制度的并存。这是中国传统政治制度的主要特征，也是保证中国数十个发展既不平衡、经济文化又有很大差异的民族能够统一于一个国家之内的重要原因。

中国几千年来高度的中央集权是占主导地位的制度。同时，又在一些边疆少数民族地区实行自治或半自治的（册封）封国制和羁縻府州（土司）制度。册封与羁縻府州制和中央集权制度一样，都是贯穿中国封建社会两千多年的基本政治制度。在一个多民族的国家中，承认差异，才可能维持各民族的统一。几千年来，在边疆和少数民族地区实行的（册封）封国和羁縻府州制度，就是这种承认差异的政治制度。

新中国的民族关系

新中国的民族政策是成功的，民族是团结的；30余年来，民族关系面临一些新情况，也出现了较多新问题。与国家的发展同步，这些问题正逐步得到解决，并在更高的经济社会发展水平上走向各民族的更密切交往与融合。

为什么我们说民族政策是成功的？理由如下：第一，新中国成立前民族之间曾存在的一些历史积怨得到了解决；第二，边疆民族地区是稳定团结的；第三，中国各个少数民族都得到了比较快的发展，各边疆与内地之间，各少数民族与汉族之间在经济社会发展水平等各方面的差距明显缩小了。

例如，新中国成立前，全国民族地区的工业产值仅5.4亿元，到1978年已达212.1亿元，平均每年以13.6%的速度递增，大大高于全国平均增长速度。1978年民族地区社会商品零售总额比1949年增长了15.3倍，人民生活水平大大提高。少数民族的人口也由1953年占全国总人口的6%增长到超过8%。

新中国建立初期，在民族地区实行民主改革，社会主义改造，实行民族区域自治，使得各民族人民真正当家做了主人。在民族关系上，既反对大汉族主义，也反对地方狭隘民族主义。这些政策措施的实行，特别是城镇的社会主义工商业改造、手工业改造、农牧区的土地改革、畜牧业改造和宗教制度改革，使得民族、地方和宗教意识都淡化了，汉族与少数民族之间更加团结。

正如邓小平同志在1986年所说：中国各民族之间是团结的，中国没有大的民族纠纷，没有大的民族问题。

30余年来，国内国际大形势变了，在其影响下，出现了一些新的民族宗教问题。从国内看，20世纪80年代以后，人口的大规模流动，使得各地各民族之间的交往迅速增加了。在20世纪80年代初，流动人口仅300余万，而目前已超过2.4亿（流动人口较80年代初增加了30多倍），其中少数民族的流动人口超过了3 000万。交往多了，各种矛盾甚至冲突就会增加。

“文革”结束后，全社会的思想观念深刻变化，在社会交往中，特别是在边疆民族地区，民族意识增强了。在计划经济转向市场经济的过程中，很多集体、国有制企业转向私有制，这一剧烈社会转型使一些人缺乏安全感，遂走向宗教去寻求心理安慰，宗教的社会影响因此扩大了。

从国际上看，20世纪90年代初，苏联解体后，出现了世界性的民族主义和宗教复兴浪潮，各种民族主义和宗教势力成为世界政治舞台上的主角。这变化推动中国国内，特别是一些民族地区，民族宗教意识明显增强。

例如：1986年，西藏有寺庙234座，僧尼6 466人，到了1990年，寺庙达1 000余座，僧尼46 380人，寺庙和僧尼规模都扩大了6倍。再以新疆为例，1984年，新疆有清真寺9 000多座，到了1997年，就已发展到25 000多座。

除了以上这些国内外的大背景之外，对民族地区影响巨大的一个背景是政府职能的变化。

新时期以后，在计划经济向市场经济的转型中，中国各级政府从“全能型政府”向“责任有限型政府”转变。社会的资源和权力已经更多地脱离了政府的控制。

据统计，2012年底，全国的工业企业资产总额中，非公有制经济、私有经济占56%，外资经济占21%，国有经济只占23%。少数民族地区的情况也是如此。以新疆为例：1978年国有工业总产值占89.12%，到了2009年仅占11.5%。1985年，国有企业的从业人数占74.31%，而到2008年则仅占26.62%。

这种情况导致政府在计划经济时代制定的多项民族优惠政策，在一些地方或在一些方面出现了不能有效贯彻执行的情况(如少数民族大学毕业生的就业问题，少数民族职工失业和再就业问题等)。

在经济体制深度变革、利益格局深度调整、思想观念深刻变化、社会环境的过快改变使得旧有的制度、旧有的平衡被打破后，新的平衡新的制度未能及时建立起来的情况下，改革进入矛盾凸显期。在这种情况下，境内外敌对势力在新疆和西藏，以民族和宗教为旗号的分裂主义活动加剧了。

社会转型对于边疆民族地区的另一个重要影响是与东部地区发展差距的拉大，特别是部分少数民族地区不同民族之间的收入差距也有拉大的情况。

例如，1986 年—1990 年，民族 8 省区的 GDP 年均增速为 7.4%，比全国增速低 0.3 个百分点，比东部沿海地区低 1.9 个百分点。1991 年—1992 年，8 省区增速提高到 9.9%，仍比全国低 0.6 个百分点，比东部沿海地区低 5.1 个百分点。1980 年 8 省区人均 GDP 相当于东部沿海地区的 59%，到 1992 年则下降到 50.8%。1980 年 8 省区农村人均收入相当于全国平均水平的 81.5%，相当于东部地区的 75.4%，到了 1994 年，虽然绝对收入水平有明显提高，但相对全国平均水平和东部地区却分别下降了 7.6 和 17.2 个百分点。1994 年，全国贫困县共有 592 个，其中少数民族县占 43.4%，相当于 701 个少数民族自治县的 36.7%。

新时期以后，各边疆民族地区也加快了发展，但中国西部，特别是少数民族地区的发展，很多是以资源开发为重点的发展（根据经济发展规律：越是资源输出地区，GDP 含金量越低，即百姓受益越少）。而且这是一种主要靠外部拉动的发展。

资源开发型发展的特点是对自然环境的大规模开发利用，其结果就造成了对当地民族传统农、牧业生产环境的冲击。受到冲击的当地少数民族农牧民，如果他们没有及时改变或没有能力改变其生产方式；没有投入西部大开发中的技术、资金和其他能力，就得不到或较少得到开发和发展的好处。如果他们没有能力将自己的生产生活转型，去适应突然而至的工业化和现代化潮流，就会面临一些新的困难，出现对开发者的抵触情绪，从而产生一些民族矛盾。境内外敌对势力的挑拨和攻击，过去没有市场，现在在部分人中开始有了影响。于是，民族关系中，敌我矛盾和人民内部矛盾交织，出现了越来越多的问题。在此情况下，那些受境外势力支持，寻求多民族国家解体，寻求夺取政权的分裂势力和敌对集团，就会利用这些问题在少数民族群众中煽动民族间的仇恨，煽动宗教极端情绪。他们也确实有几次得手。这就是近些年来在新疆、西藏出现多次群体性反对汉人、攻击政府的暴力事件的背景。

民族关系的调查与分析

为了对中国当前的民族关系有一个较清楚的评估，2006年、2009 年和 2013 年，我们多次在新疆、西藏、内蒙古、甘宁青等地做民族关系问题的调查。调查中也分发了大量问卷。以下将在新疆和西藏的问卷中的几个统计结果介绍出来，以说明这些地区民族关系的现状。

在新疆：86.3%的维吾尔族群众认为维汉关系正常或比较好；城镇中超过70%的维汉群众有对方民族的朋友；90.6%的维吾尔族群众为自己是中国人而自豪。在西藏：94%的藏族群众认为汉藏关系是正常的或是好的；城镇中有69%的藏族群众和92%的汉族群众有对方民族的朋友；87%的藏族群众为自己是中国人而自豪。我们在内蒙古、甘肃、青海和宁夏做的同类调查，其结果也都类似或更好。综合多年来我们的实地调查所掌握的情况，综合对国外有关民族问题的对比以及对我国民族问题历史的研究，我们认为：从全国来看我国的民族关系是好的，是基本正常的。

新时期以来，各地区民族关系中的问题和矛盾产生的原因比较复杂。其中有部分是国内外敌对势力直接鼓动和操纵造成的，而绝大多数问题是人民内部矛盾。这些问题中影响比较大的有如：新时期以来不同民族之间收入差距拉大的问题；有的少数民族知识分子中存在的狭隘民族主义思潮泛滥的问题；部分汉族人中的大汉族中心主义思想问题；特别是地方政府在工作中的一些问题等。

我们认为，比起西方国家，我们的民族政策是进步的，我们的民心基础也是好的。在多民族大国中比较，我们的少数民族是最拥护政府的。

那么，我们如何做才能解决好民族关系中的各种问题呢？从国内外的社会实践来看，不同民族之间的矛盾产生于差别，差别有两种，文化差别和结构性差别（即经济收入、社会政治权利的差别）。只有文化差别的民族之间虽然会有一些误解从而产生一些矛盾，但这些误解和矛盾都比较容易解决，他们之间可以和平相处甚至逐渐融合。而有明显结构性差别的民族之间则很难化解他们之间的矛盾，也很难避免激烈和持续的冲突。

因此，解决民族之间的矛盾与冲突，让不同的民族能够和谐相处，也就是使多民族国家能够维持统一的根本出路是缩小民族之间在经济收入、社会权利等方面的差距。一旦不同民族之间消除了这种结构性差距，文化的多元与融合，国家的统一与安定就都有了坚实的保障。在这种情况下，境内外敌对势力的任何挑动破坏都不起作用，无法撼动。美国和欧洲一些国家内的民族、种族冲突之所以长期得不到解决并且还有不断加剧的趋势，就是因为这些国家内少数民族与白人主体民族之间明显的结构性差距长期得不到解决。例如，据西方学者 2008 年的统计，黑人占美国总人口的 13%，却只拥有美国不到 1%的土地。1974 年，美国黑人的收入是白人收入的 64%；而到 2004 年，这个数字降到了 58%。欧洲一些国家的情况也与美国类似。

不同民族之间如果形成结构性差距，就会像某些国家的骚乱一样，民族之间的冲突就不会止息。也就是说，如果中国的少数民族与汉族之间的经济差距问题不解决，不缩小，中国的社会就不会稳定和谐。从这个角度看，我国优惠少数民族的政策不是要撤销，而是要坚持，要调整，要落实到位，要推动各少数民族尽快在各个方面赶上来，在经济和社会发展程度上尽快赶上来。这才是今后实现民族团结民族融合的正确道路。对于多民族国家来说，在一个统一的政权内部，努力达成各民族在政治、经济上的平等权利和发展机会是民族政策最主要的目标，也是维护统一的最重要手段和基础。在此基础上，各民族在文化上的更多沟通与相互学习则能够进一步促成新的国家民族，即中华民族的形成。

民族关系的展望

最近的十几年，是中国西部少数民族地区的加速发展时期，它开始于20世纪90年代末中国政府启动的西部大开发计划。在2000年—2010年，新疆、内蒙古、广西等少数民族地区，在全国发展速度为8%～9%的情况下，多数民族地区经济增长速度保持在两位数，边疆民族地区的发展速度已经赶上甚至超过内地汉族地区。

以2014年新疆的情况为例，GDP增速达10%，比全国7.4%的增速高出2.6个百分点。而最近四年（2012年—2016年），民族地区8省区，GDP增速都保持在10%，明显高于全国平均速度（7%以下）。因此我们可以展望，在不久的将来，中国西部少数民族地区的经济社会发展水平，即现代化的水平将赶上内地汉族地区，中国的各少数民族将实现与汉族在政治、经济和社会等各方面的共同发展和共同繁荣。

人口的大规模流动也将推动我们的民族关系从过去比较闭塞的背对背到现在更多交流的面对面，并将通过这种交流发展到将来心连心的融合，所以我们说，中国各民族历来是一家的思想传统和奋斗目标，将在我们这个时代得到实现。

御窑：彰显千年工匠精神

阎崇年

北京社会科学院研究员、中国紫禁城学会副会长、著名历史学家。主要著作有：专著《努尔哈赤传》《清朝开国史》《古都北京》（中、英、法、德文本）《康熙帝大传》等，论文集有《燕步集》《燕史集》《袁崇焕研究论集》《满学论集》《清史论集》《阎崇年自选集》，2017年出版25卷本《阎崇年集》等。

一个伟大行业，必有伟大英雄，必有惊世精品，必有动人故事。让我们通过重温御窑的悠久历史和灿烂文化，从新的角度，以新的诠释，感悟中华传统文化的博大精深，感受中华工匠精神的动人魅力。

我讲的不是中国瓷器史，而是以宋元明清为时段、以御窑及其瓷器为主线的中国瓷器文化史。为什么选择御窑及其瓷器进行讲述呢？

瓷器是中国的一项创造，也是中国文化对世界文化的一个贡献。瓷器（china）和中国（China）在西方为同一单词，这是仅有的、唯一的。每一个中国人，都应当知道瓷器，也都应当有一点瓷器文化与艺术的修养。中国瓷器的出现时间，学界说法不一：有说两汉，有说魏晋，有说唐朝，也有说五代。至晚到了唐朝，瓷器就已很发达。浙江慈溪上林湖后司岙发现的越窑秘色瓷窑遗址，陕西西安法门寺出土的秘色瓷器，海上考古发现的大量唐代外销瓷器等，文物多例，均可作证。

御窑，以国家之财力，尽天下之资源，聚全国之巧匠，集士人之智慧，曾经烧造出不可胜计的精美绝伦的瓷器——在当时供皇帝宫廷专享，体现皇家之天宠尊贵与千载一得；作为文化礼品和贸易使者，体现中华传统文化之礼仪四邦与艺术魅力。御窑瓷器经皇朝兴替传承，以不同方式流转，如今已经成为全民共有共享的国家财富、文化遗产，并且已经成为人类共有共享的文化财富、艺术珍品。故宫博物院现藏瓷器 36.7 万余件，多出自官窑，数量惊人，极其珍贵。由是，我开始关注御窑与瓷器的历史。

北宋景德元年（公元 1004 年），宋真宗赐名景德镇，景德镇开始“奉御董造”官用瓷器；宋神宗元丰五年（公元1082年），在饶州（今江西鄱阳）设置瓷窑博易务，就是瓷窑税务所；元朝在浮梁（今属景德镇市）设立国家磁局；明朝在景德镇设置御器厂；清朝则设立御窑厂——总的算起来，御窑历史，约有千年。民窑历史，则更绵长。千年御窑历史，中华文化自信，可以从中吸取多元宝贵借鉴。

宋代耀州窑青釉刻花牡丹纹瓶

元青花鬼谷子下山图大罐

精益求精，追求卓越的大国工匠

在帝制时代，建筑、舟车、武备、器物等主要制造者是工匠。“工匠”，《说文解字》中描述：“工，巧饰也，象人有规矩。”“匠，木工也。从匚、斤，所以作器也。”工匠是既重规矩又巧成器物的人。良工巧匠，尤为难得。但遗憾的是，中国旧文化史对工匠尊重不够，“士农工商”四民中，“工”虽居第三位，其社会地位，既不如士农，也不如商贾。重道轻器，厚士薄工——重道厚士可嘉许，轻器薄工应反思。在“二十四史”中，以纪传来说，帝王和将相是人物传记的核心，官员和士人是人物传记的主体，除《元史·工艺列传》外，工匠入传，其他诸史，一概鲜有。如明朝杰出的木工蒯祥、石工陆祥，为人宽厚，技艺卓绝，虽官至工部侍郎，《明史》却未入传。

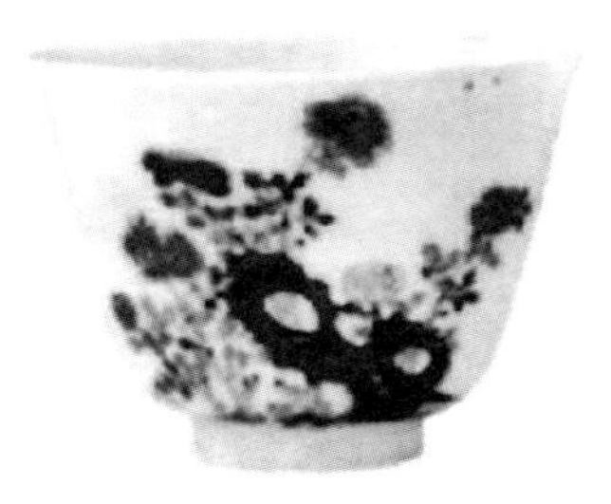
清康熙五彩十二月花卉纹杯之一

清代景德镇工匠多时达十余万人，制瓷工艺多至72道，每一道都离不开工匠。千年御窑历史，涌现无数杰出工匠。据说，明朝万历年间，皇帝谕旨：景德镇御窑烧造大龙缸，并派太监潘相督陶。这尊大龙缸，体量大，技艺精，难度高，时限紧。太监潘相传旨：克期完工，完美无疵，奉送北京，否则斩首！御窑工匠，全心全力，夜以继日，烧成一炉，微有瑕疵，再烧一炉，或有璺，或变形，反复烧造，全都失败。太监潘相，督责更甚。御窑的工匠，或受呵斥，或遭鞭笞，惶惶不安，人人自危。万般无奈之时，万计无施之刻，窑工把桩（领班）师傅童宾，为烧成大龙缸，为工友的安全，面对熊熊窑火，纵身一跃，投入烈焰，以身殉职。当日熄火，翌日开窑。巨丽龙缸，豁然出窑。而童宾，身躯化作青烟，灵魂升上天空。童妻痛哭收尸，奠酒三祭，葬凤凰山。乡人感泣，尊为窑神，立祠祭祀。在今景德镇市古窑民俗博览区广场上，矗立窑神童宾铜像，高9.9米，重8.8吨，通高15.9米，庄严肃穆，气势雄伟。这个故事，感动天地，哀泣鬼神。正如清朝督陶官唐英所说：“一旦身投烈焰，

岂无妻子割舍之痛与骨肉锻炼之苦？而皆不在顾，卒能上济国事，而下贷百工之命也，何其壮乎！”（唐英《火神童公传》）

工匠，为御窑烧造瓷器，献出了汗水、劳力、智慧和生命。其实，皇家御窑，窑火千年，动人故事，何止童宾！另如工匠陈国治，祁门人，爱心敬业，技艺超群。他获赠一副对联“瓦缶胜金玉，布衣傲王侯”（金武祥《栗香随笔》）。再如工匠汪绂，婺源人，幼年丧父，家徒四壁，生活贫苦，“十日未尝一饱。”后到“景德镇，画碗，佣其间”。他劳作之余，刻苦研读，常年坚持，成绩超凡，著述26种182卷，与黄宗羲、王夫之、顾炎武等一起被写入《清史稿·儒林传》。

2015年我应邀参加“童宾铜像揭幕及学术研讨会”，仰望矗立在景德镇古窑博览区广场的“窑神童宾”塑像，心情澎湃，肃然起敬，心底迸发要为伟大工匠精神高声讴歌、撰写实录的愿望。

重道轻器、厚理薄技，这是中华两千多年传统文化的一个弊憾。为什么中国近世落后挨打，割地赔款，备受欺凌？原因之一是，重道轻器，厚理薄技。明清以来，片面地将“器”蔑之为“雕虫小技”“奇器淫巧”，不重视科学技术的发展与创新，以致科技落后，每受侵略，屡遭挨打。无论过去，还是现在，以及未来，中国人需要：既重道又重术，既厚理又厚器，既重知又重行，既厚士又厚工。

我既关心物，更关心人。工匠“窑神”童宾是御窑史上的英烈，督陶“瓷神”唐英则是御窑史上的英杰。

真做实干，精于管理的督陶官员

“济济多士，文王以宁。”这是《诗经·大雅·文王》里的名言。御窑瓷器，首在得人，重在多士。御窑瓷器是凝聚绘画、书法、篆刻、雕塑、釉彩、设计等多种艺术及能工巧匠智慧的结晶。

对于御窑的管理，督陶官员，责大任重。督陶官既是个肥缺，用人不当，祸害万千；又是个要缺，用人得体，成就斐然。在千年御窑史的督陶官中，出现过贪腐之徒。明宣德时太监张善到景德镇，侵吞精美瓷器，分送亲朋好友。后被告发，押回北京，斩首示众。太监潘相监陶，横征暴敛，鱼肉工匠，招惹是非，激起民变，影响极坏，后被调回。但更多的是勤能之官，清廉之吏。明成化时的督陶官何瓛（音桓），华亭（今上海）人，体恤百姓，为官清廉，年老退职，庶民相送。在乡安静，读书著述，卒年八十五，是“仁者寿”的一例。又如万历督陶官陈有年，余姚人，政绩显著，调回京师，官至吏部尚书。门无私谒之客，身有相伴之书。致仕回乡，出京那天，全部行囊，一箧旧书，一笥旧衣。同僚送行，见之落泪。到了杭州，家人来接，让买油布，苫盖房子，以遮漏雨。回到家里，不幸着火，房屋被烧，他租一间房子给妻子住，自己则住在庙里。死后，翻检屋中旧箱，只有三两银子，无法入殓，家人借贷，才算办了丧事。《明史》有传。史称陈有年“羔羊之节，骨鲠之风”，勤慎廉能，名闻天下。

再如清代唐英（公元 1682 年—公元 1756 年），沈阳人。出身内务府正白旗包衣（奴仆）。康熙时在内务府造办处侍役。雍正六年（公元 1728 年），唐英受命以“内务府员外郎衔，驻景德镇御窑厂，佐理陶务，充驻御窑厂协理官”。这一年，他 47 岁。唐英初到御窑厂，于瓷器烧造，如自己所说：“茫然不晓，日唯诺于工匠之意，惴惴焉，惟辱命误公之是惧。”唐英面临新的职责、新的挑战，是退缩、应付，还是担当、奋进——放下官员架子，变外行为内行？唐英的回答是“用杜门，谢交游，聚精会神，苦心竭力，与工匠同其食息者三年”（唐英《瓷务事宜示谕稿序》）。唐英苦学三年，做到“四不、四同、四学、四会”。第一，闭门谢客，“四不”：不应酬，不唱和，不访客，不出游；第二，放下架子，“四同”：同工匠，同吃饭，同劳作，同休息；第三，钻研业务，“四学”：学技术，学瓷艺，学窑务，学管理；第四，成为内行，“四会”：会制胎，会彩画，会釉料，会窑火。三年后，唐英说：“于物料火候、生克变化之理，虽不敢谓全知，颇有得于抽添变通之道。向之唯诺于工匠意旨者，今可出其意旨唯诺夫工匠矣。因于泥土、釉料、坯胎、窑火诸务，研究探讨，往往得心应手。”

唐英贡献，主要有四：一则烧造精美瓷器。他经手瓷器上百万件，其中精品、绝品，既仿古，又采今，被誉称：“有陶以来，未有今日之美备！”如主持烧造的乾隆多彩釉大瓶“瓷母”，纵 16 层纹饰、横 12 面开光、施 15 种彩釉、集宋元明清各种工艺于一器，奇美精绝，巧夺天工，为世界瓷器史上的一座丰碑。二则瓷艺学术贡献。他编写出的《陶务述略》《陶冶图说》《瓷务事宜示谕稿序》等著作，填补瓷艺史上的学术空白，成为瓷器史上的经典文献。三则制定管理制度。他在人事、财物、统计、核算、工艺等方面，制定制度。《陶成纪事碑记》和《烧造瓷器则例章程册》，是其重要著作，前者记述 57 种瓷器工艺，后者拟定 313 条规章，细致具体，有章可循。早在二百多年前，御窑生产已经实行成本核算，财物管理，观念超前，可赞可鉴。四则留下大量著作。他有诗文集《陶人心语》《陶人心语续选》，戏曲集《灯月闲情》（含17个剧作）。今人整编汇成《唐英全集》和《唐英督陶文档》等。

唐英一生，酷爱读书。《陶人心语》说：“予性喜读书，每漏下四五，披阅不休。”他业余时间读书，如“闲坐小窗读《周易》，不知春去几多时”。身为陶官，二十八年，如同一日，敬慎不懈。他从粤关调回江西首巡景德镇御窑厂时，民众夹道欢迎：“抵镇日，渡昌江，阖镇士民工贾，群迓于两岸，……且欢腾鼓舞，颇有故旧远归之意。”唐英感泣，赋诗咏怀：“青丝染霜回故地，何劳镇民夹道迎。衰翁有负众家恩，关外孑身吾陶人。”（《陶人心语续选》）

唐英出身内务府正白旗包衣，虽身份卑贱，却品行高洁。唐英为人——“未能随俗惟求己，除却读书都让人”。这是唐英人生观的写照：既有严于律己的内省，又有宽以待人的胸怀。唐英为官——“真清真白阶前雪，奇富奇贫架上书”。这是真的心扉，善的心灵，美的心境。唐英，不幸也奴仆，有幸也奴仆。他之不幸，出身奴仆，没有享受八旗特权，而任劳、任怨、任贫、任贱，与工匠“同其食息”；他之有幸，出身奴仆，没有成为八旗纨绔，而善书、善画、善艺、善陶，被誉为“陶瓷神人”。而有幸与不幸嫁接结出的一枚硕果——唐英功业，灿烂辉煌。从瓷器历史来看，无论是在当时的中国，还是在当时的世界，都是能站在引领瓷器潮流创新的前沿者，唐英当之无愧。因此，不仅在中国瓷器史上，而且在世界瓷器史上，唐英都应当有着自己的历史地位。唐英既有论著又懂工艺，既长文史又善书画，既敏于学又笃于行，既为官员又做工匠。“浮梁城下水，清照使臣心”。其清廉情操，其敬业精神，其理论著述，其“唐窑”精品——作出历史结论：御窑千年史，唐英第一人。

贵在求新的创新精神

千年御窑的历史表明：中国瓷器文化始终贯穿着一条主线，不是姓“皇”，而是姓“新”，就是不断创新。创新，既是御窑之魂，也是瓷器之魂。御窑千年，贵在求新。创新，既是中国瓷器文化发展之原动力，更是中国瓷器文化绵延之生命力。宋的青白釉，“青如天，明如镜，薄如纸，声如磬”；元的青花瓷和釉里红瓷，一变单一颜色瓷器，而开创彩色瓷器的新境界；明代的斗彩、五彩，争奇斗艳，彩色缤纷；清代的珐琅彩、粉彩，各种色彩、各种绘画，都可以纵情而灵动地展现在瓷器上。

为什么景德镇能成为中华瓷器之都、创新基地？为什么这个创新基地窑火千年、长盛不衰？研究这个问题，可以为今人提供历史的经验、智慧的启迪。缘此我列举四点：

其一，形成一流创新基地。《荀子·劝学》说：“积土成山，风雨兴焉；积水成渊，蛟龙生焉。”就是说，积土成山能兴风雨，积水成渊会生蛟龙。清乾隆时的景德镇，督陶官唐英说：“民窑二三百区，终岁烟火相望，工匠人夫不下数十万，靡不借瓷资生。”景德镇成为瓷器创新基地。

其二，汇集一流创新人才。汇集宫廷一流绘画、书法名家，结合民间一流制胎、修模、彩绘、上釉、窑火等能工巧匠，每个元素既要坐实人才优秀，每个优秀元素更要密切配合。如制瓷修模的名匠，“景德一镇，群推名手，不过二三人”（唐英《陶冶图说》）。可见制瓷人才、创新人才之难得、之可贵。当时，瓷器一流技艺人才形成一个产业链，集中在景德镇的御窑中。

其三，充实一流创新资金。要想成品创新，必须加大投入。每一件创新瓷器，其研发，其烧造，都要有大量金银投入。其时，创新产品的资金，钱从国库、内帑、关榷、盐商、捐纳、罚赔等多渠道筹措，也包括督陶官自掏腰包。这就保证了创新瓷器的投入和运作。国盛瓷则盛，国衰瓷则衰。在皇朝时代，御窑暨瓷器的盛衰，折射着皇朝的兴替。

其四，构建一流创新体系。皇帝谕旨创新要求，宫廷做出瓷器官样，臣工按旨慎勤落实，工匠巧手慧心制作，每道工艺不能出错，各方各面，互相配合，尽心尽力，厥职完成。想别人所未想，做别人所未做，能别人所未能，成别人所未成。不断出新意，不断在收获，烧造出新奇唯一、空前精美的瓷器。

千年御窑历史启示，中国发展离不开对优秀传统文化的继承与创新，中国复兴离不开文化的自觉与自信。

瓷器成为中外文化交流的“使者”

中国的瓷器连同丝绸和茶叶等，经由陆海两条通路，走向世界，进行国际文化交流。这被称作“丝绸之路”，又被称作“瓷器之路”，和现在的“一带一路”基本重合。汉唐以来，丝绸之路，东西之间，已经开通。从宋到清，在“一带一路”上，瓷器成为中外文化交流的“使者”。

在宋代，中国航海技术、海外贸易有了更大发展。当时中国造船与航海技术，居于世界领先地位。船坚抗风，船大行远。南宋广州商船装载瓷器出口的情状，宋人朱彧《萍洲可谈》记载：“舶船深阔各数十丈，商人分占贮货，人得数尺许，下以贮物、夜卧其上。货多陶器，大小相套，无少隙地。”从宋开始，“海上丝绸之路”又称作“海上瓷器之路”。水下考古，可以作证。

1987 年，在广东省阳江市东南约 20 海里上下川岛海域，发现南宋一艘沉船，后定名为“南海一号”。2007 年打捞沉船出水，整体平移到海陵岛十里银滩上，“入住”在“广东海上丝绸之路博物馆”的“水晶宫”里。内建造两条长 60 米、宽 40 米的水下观光走廊。我曾参观过。计有南宋瓷器 30 余种、6 万余件，经 800 余年风浪泥沙冲刷，大多完好，品相如新。

在元代，陆路海路，空前大通。中国商船沿阿拉伯海西航，到达波斯湾、亚丁湾、红海、非洲东岸。在埃及库赛尔港口，出土元末明初景德镇青花瓷；在肯尼亚出土不少元代景德镇瓷器，其安哥瓦纳古城遗址，出土元青花瓷；在新疆伊犁河畔霍城（蒙古察合台汗国首府）也出土元青花凤首扁壶；至今在伊朗和土耳其的国家博物馆里，还珍藏着大量元青花瓷器。

在明代，郑和七下西洋，瓷器之路，南北通、东西通。《明史·外国传》记载，明朝同 87 个国家和地区有外事交往。同期，西方进入大航海时代，东西交流，实属空前。海上以“南澳Ⅰ号”为例。2007 年，有渔民在泉州港到南洋航船必经之路的汕头南澳岛海域，发现一艘古沉船，后定名为“南澳Ⅰ号”。

明洪武青花怪石牡丹纹菱花式盘

船长27米，宽7.8米，共有25个舱位。到2010年共出水瓷器9 711件，多产于明嘉靖到万历年间，如景德镇窑万历青花仕女大盘、青花大观、大碗及套装粉盒等。

陆上对内瓷器传布四方。明代瓷器大量从北京运至少数民族地区。西域、蒙古、女真等贡使，返回时所装瓷器多至数十车，高至三丈余。其包装方法是：初买时，每一器内纳少土，及豆、麦少许，叠数十个，辄牢缚成一片。置之湿地，频洒以水。久之则豆、麦生芽，缠绕胶固。试投之荦确（luò què，坚硬）之地，不损破者，始以登车。（沈德符《万历野获编》）

在清代，盛清疆域，空前一统。满、蒙、疆、藏、台，都归属清朝。乾隆二十七年（公元1762年），设立伊犁将军。“丝绸之路”的陆路，西域完全打通：自北京经西安，穿过河西走廊，到吐鲁番，分作三路——南路，绕经塔里木盆地南缘，过喀什噶尔（今喀什），到今乌兹别克斯坦的撒马尔罕；中路，自吐鲁番，经库尔勒、喀什噶尔（今喀什），到撒马尔罕；北路，自吐鲁番，经天山北麓，过惠远（今霍城），再分作三路——南向，沿伊塞克湖南缘，到撒马尔罕；西向——沿伊犁河谷西行，到巴尔喀什湖，再西往伏尔加河；北向，经塔尔巴哈台（今塔城）、阿勒泰，到俄罗斯、蒙古等。

海上也有瓷器之路，在南海地区，我国西沙群岛永乐岛沉船中发现瓷器133件（片）；在东南亚地区，冲绳、菲律宾、泰国、马来西亚、新加坡、爪哇等都有瓷器出土或藏品。以“碗礁1号”为例，沉船位于福建平潭岛海域，2005年，进行发掘，获得成功。这是一艘清康熙时沉船，船上发现完好青花大瓷盘55件等，累计出水瓷器17 000余件，色泽艳丽，光洁如新。

中国瓷器使中国风尚流行世界。在欧洲，法国太阳王路易十四喜爱中国瓷器，在凡尔赛宫建造“瓷宫”，特别收藏来自中国的青花瓷。各国君主，争相效仿。英国女王玛丽二世醉心于华瓷，宫廷陈设华瓷。1730 年（雍正八年），英国东印度公司从中国进口瓷器 51.7 万件。1780 年（乾隆四十五年），英国向清朝定购瓷器达 80 万件之多。葡萄牙贝纳宫多处厅室墙面贴有青花瓷砖，皇宫外墙也用青花碎片组成图案，充满淡雅的东方情调。瑞典至今完好地保存着中国宫，陈列着中国瓷器珍品。东欧菲特烈·奥古斯特（公元 1670 年—公元 1733 年），1697 年（康熙三十六年）当选为波兰国王。据记载，奥古斯特二世以 600 名萨克森骑兵，换取普鲁士帝国菲特烈·威廉一世 127 件中国瓷器。他死后留下 35 798 件精美中国瓷器。美国总统华盛顿，也喜欢中国瓷器，有自己专用的华瓷餐具。在欧洲，到乾隆中期，法、德学了中国制瓷经验，才烧造出瓷器。

瓷器之路的历史表明：中国瓷器成为中华文化的友善代表、国际文化交流的诚信使者。以往瓷器之路辉煌，今后瓷器之路宽广。中国创烧的瓷器，作为中华文化的一个符号，在中外文化交流史上，不仅是一条颜色锦绣斑斓的彩带，而且是一座跨越四洲三洋的津梁。瓷器、china，China、中国——优美动人故事，一代传一代、一地接一地，讲下去，传开来。

以历史思维看唐宋城市史

包伟民

1956 年出生于浙江省宁波市。1988 年北京大学历史学系博士研究生毕业，曾在浙江大学任职多年，现为中国人民大学历史学院教授。2013 年起为长江学者特聘教授，主要学术兼职有中国宋史研究会会长等。研究工作集中在宋代史、中国古代经济史及近代东南区域史研究等方面。代表作有《江南市镇及其近代命运》《宋代地方财政史研究》《传统国家与社会：960—1279 年》《宋代城市研究》。

今人对宋代历史的感观，大概是国史研究中意见分歧最大的一个领域了。人们对于历史的看法，常常受其所生活的时代影响，所以才有英国史学家爱德华·霍列特·卡尔（Edward Hallett Carr）的那句名言："史学是史家与过去永无休止的对话。"如果稍加深入，关于赵宋王朝，史家与过去这场的对话，涉及颇多要素。要言之，横向观察，可以分为通俗与学术两个层面；纵向看来，既反映时代演进对时人思想的影响，更有学术研究不断深入的推动，因此是一个颇有意思的议题，值得讨论。

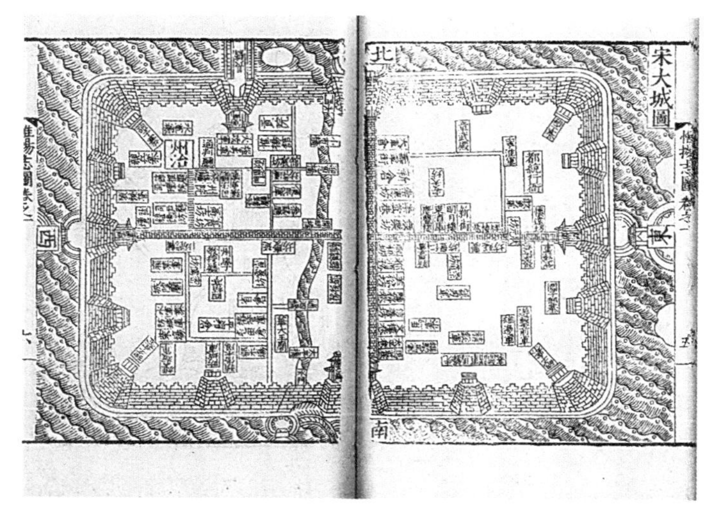

明《维扬志》附"宋大城图"

学术史的启迪

唐宋城市史是一个相当成熟的研究领域。1931 年，日本学者加藤繁发表《宋代都市的发展》一文，指出从唐代到宋代都市发展中的“重要现象”，是传统坊制与市制崩溃，可以说提出了此后这一研究领域的最重要命题。近一个世纪来，论著众多，成果显著。那么，学者们为什么对唐宋间城市发展的历史比其他议题更感兴趣呢？

宋静江府城图碑刻

如果说以加藤繁等学者为代表的唐宋城市史研究的发轫，可归之于中日近代史学形成的初始推动，到 20 世纪 50 年代以后，西方世界对东方文明的认识转变，更是一个不可忽视的推进因素。1959 年，法国学者谢和耐（Jacques Gernet）出版了他的代表作《蒙元入侵前夜的中国日常生活》。谢和耐在前言中说明他写作的目的：“人们惯常妄下结论，以为中华文明是静止不动的，或者至少会强调它一成不变的方面。这其实不过是一种错觉而已。”研究宋代“城市中心和商业活动的突出发展”，正是他力图纠正西方世界对中华文明“错觉”的一种手段。

随着关于唐宋之间的历史演进史实的不断被确认，一种与旧说反其道而行之的、新的思想趋势遂逐步形成，那就是许多研究者开始承认并习惯从“发展”的取向来观察那个时期的历史，不断强调历史的进步。

如果以为西方学界的这种认识转向，纯粹是因为他们开始认识到中国传统文明的伟大并为之折服，就会落入未知所以的认识陷阱。相比于各种实证研究成果的影响，更为重要的，也许还在于西方学者总是自觉不自觉地以欧洲历史的发展轨迹为标尺，用以参照中国历史。二战以后，西方学术界出于对自身文明发展过程的反思，促使他们同时反思自己关于东方文明的看法，才逐步认识到他们对前近代时期中国历史的认识存在“错觉”。

另一个学术群体的研究工作进一步强化了这种立场，那就是日本东洋史学的演进。20 世纪初，随着日本近代史学的发展，学者们努力引进西欧史观。1910 年，京都大学讲师内藤湖南发表《概括的唐宋时代观》一文，认为中国历史应该摆脱王朝体系，可以根据“时代的变化”，分为上古、中古与近世三期，“唐代是中世的结束，而宋代则是近世的开始”。他的这一论说经过后学的补充与扩展，形成著名的“宋代近世说”。此说后来也被西方史学界广泛采纳，于是形成了目前仍然相当流行的、所谓从中古唐代走向近世宋代的“唐宋转折”说。

因此，无论是宋代近世说，还是唐宋转折说，其背后的思

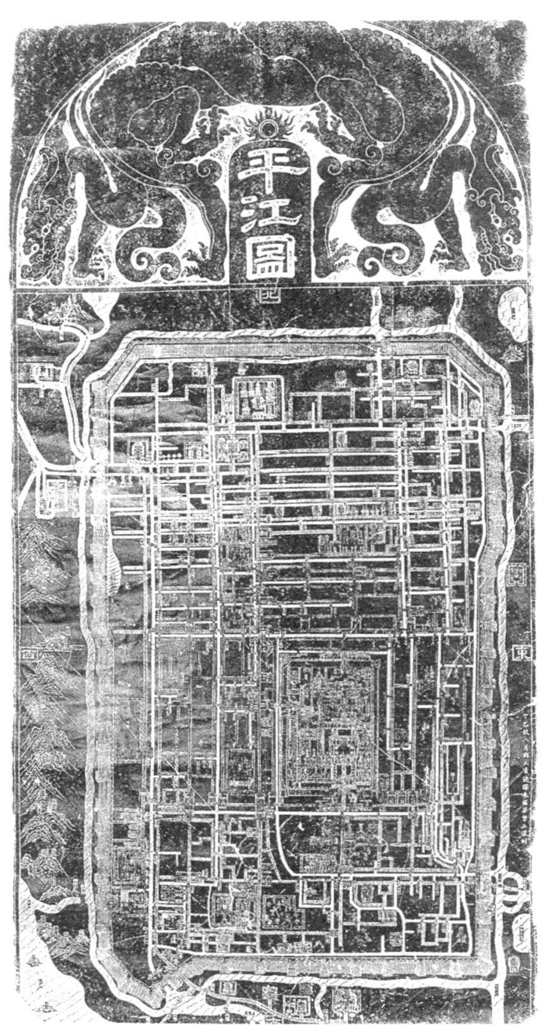

宋《平江图》碑刻

想基础，都是以欧洲历史为标尺，也就是认定中国历史的进程，必然与欧洲一样，从传统的农业社会走入近代的工业社会。1973 年，英国学者伊懋可（Mark Elvin）主要利用日本学者的研究成果，撰写出版的《中国过去的模式》一书，就是上述学术思路的一个代表。伊懋可认为宋代经济发生了一场中世纪的经济革命，就当时的技术水平而言，已经达到了资源利用的极限，即所谓"高水准平衡陷阱"，因此宋代以后，中国经济就只有数量的增长，而无质量的进步了。这就是中国未能像西方那样进入近代工业社会的主要原因。在他所描述的宋代经济革命中，"都市革命"正是一个重要的方面。

在世界另一端的中国，近代史学自从形成以来，就深受西方学术思想的影响，同时，为了从传统历史中发掘民族自信的因子，强调"如果没有外国资本主义的影响，中国也将缓慢地发展到资本主义社会"（毛泽东语），在经典理论的指导下，尤其重视商品经济对于传统社会的侵蚀破坏作用，也形成了一种以进化论为基调的发展观。关于宋代，典型的如漆侠所论，认为在中国封建时代两个马鞍型的发展轨迹中，"宋代社会生产力的发展几乎达到最高峰"。唐宋之间城市经济发展，当然也就成为了最佳的例证。20 世纪八九十年代，出于摆脱理论教条主义桎梏、跳出断代史框架、学习海外"先进理论"等等多方面的原因，唐宋转折说在学界广受关注。这一切，都助长了学者们对于唐宋城市史单维度的观察取向。总之，大半个世纪以来，中外学界基本上都是遵循加藤范式的思路向前推进，为之增添脚注，少有反思与质疑，既从多方面发掘宋代都市不断发展的史实，又强调唐宋之间的断裂与对比。倾向性的意见，是认为从唐代到宋代，城市发展的基本路径是从封闭的坊市制，走向了开放的街市制。

另一方面，有学者已经指出，当今国人对宋代历史的认识，包括学术界与民众，基本上是近代以来形成的，包含着当代人反观历史的体悟。近代以来，中华民族饱受列强欺侮，“积郁着强烈的民族情感，充溢着建设强国的期冀。在这种状况与心境之下，对于‘自立于世界民族之林’的憧憬，往往与对汉唐盛世的怀恋联系在一起”。相比之下，宋朝因为其国力的羸弱，就成了汉唐盛世的对比物，“积贫积弱”的批评，就是在这样的历史背景之下定型的。

不过近年来随着社会历史的演进，国人对于宋代历史的观感又有了新变化。改革开放以来，中国社会的迅速发展，使得国人对民族历史的自信心大增，近年来的“国学热”，在某种程度上（绝非全部）正映衬着这种立场的变化。特别是国民经济的快速增长，更促使国人终于对经济繁盛而武功有憾的宋代的看法，从负面走向正面。

有意思的是，尤其是在近年来西方经济衰退的影响之下，其学界对中国历史的观察也有一些新进展，所谓加州学派就是其中的一个代表。他们重视应用新古典经济学和新制度经济学的理论和框架，对欧洲中心论和英国现代化道路的普遍性意义提出学术挑战。重新估量中国历史上——尤其是宋代以来经济的发展，自然是其题中应有之义。英国学者安格斯·麦迪森（Angus Maddison）《中国经济的长期表现》一书对于宋代经济总量给出了极高的估算，最具代表性。海外学界这些论说对于不少国人来说正对胃口，尽管这些估算由于未能给出可靠的历史论据，海内外史学界大多缄默以待，却经由一些不明所以的传媒在学术界之外广泛传播，被不断加工、放大，以致有人将“宋代 GDP 的全球占比”夸大到了令人瞠目的程度。

城市史的例证

那么，宋代是否真的发生过一场包括“都市革命”在内的中世纪“经济革命”，从“封闭”走向了“开放”呢？不同学者会有自己不同的理解。如果我们能够摆脱迷信权威的自囿，不断检验旧说，至少在史实层面，则可以肯定，构成加藤范式的一些基础论据，存在着明显的不足。

加藤范式的核心内容在于城市管理制度中的坊制与市制。让我们首先讨论坊制问题。

对城市居民设置管理单位的制度，经过了长期的历史演变。这种管理单位在秦汉时期称为里，到魏晋以后慢慢改称作坊（方）。鲜卑族的北魏政权建都平城（今山西大同）时，为了防范城郭中的汉人，首次在平城全面推行严格的封闭性坊制，“悉令坊内行止，不听毁坊开门，以妨里内通巷”（《魏书》卷 114《释老志》）。也就是对都市所有居民坊区修筑封闭性的围墙。这一制度为后代所继承。唐代坊制更加严密，坊门开闭时，一般民户不能破坏坊墙，临街开门。坊门关闭后城郭内实行街禁。这些法令见诸存世文献，也为不少考古发现所证实。考古工作者曾经绘制了唐代长安城考古复原图，宫殿区以及 110 个居民坊区的分布之规整有序，正如白居易《登观音台望城》诗所云：“千百家似围棋书，十二街如种菜畦。”如果将其与北宋末年张择端创作的《清明上河图》略一比较，两者所反映的都市生活差异之鲜明，无疑向我们昭示着，城市的跨越性发展，是唐宋之间社会转轨过程中最显眼的现象。

首先应该明确的是，坊作为城郭居民区的基层管理组织，从唐到宋，直至后代，是一直存在的。关键在于它们是否如加藤范式所描述的，普遍筑有规整的围墙，被“封闭”起来。但是无论是根据历史文献，还是考古资料，这种封闭性的坊制，都仅见于都城等极少数大型规划城市。它是否曾在绝大多数州县城市推行，缺乏证据。不少学者指出，隋唐时期各地州府城郭除去少数规模较大的，它们可能分设有十几个坊区，一般州府大致以十字街区为中心设为四个坊，小州郡和县城基本仅一个坊大小，其面积也就是一平方公里左右。在这些规模较小的州县城市，想象其内部再修筑坊墙，显不可能。尤其是大量州县连外郭城墙都没有，更不可能在它们内部筑有坊墙。因此这些城市的由坊墙所体现的“封闭性”也就无从谈起。

加藤氏的论证方法，基本上就是从都城的个案，再推论到全国的普遍性。例如他首先根据《唐会要》卷 86 所载贞元四年（公元 788 年）二月的敕文，提出“坊墙”这一概念，接着征引《唐律疏议》卷八“坊市者，谓京城及诸州县等坊市”的条文，得出关于坊市的规定属天下通制的结论，最后又征引《唐会要》关于坊墙的严格规定，来完善其关于以墙垣分隔的、封闭式的坊市制为唐代京城及诸州县普遍现象的、影响深远的假说。可是他从《唐会要》所引用的关于坊墙的敕文，都是针对京城长安的专条，如果从《唐律疏议》有关条文分析，可知唐律中并没有作为全国通制的、关于州县城市坊市必须修筑墙垣的规定。正如唐律中有着大量的严禁民众侵越城墙的法条，却并未规定天下州县都必须修筑城墙一样，我们自然也不能从那些禁令来推论天下州县都筑有城墙。

迄今为止，考古资料似乎已经证实隋唐时期某些州府城市确曾筑有坊墙，如扬州、建康等城，但我对这种“坊墙”仍然心存疑惑。因为考古工作所能发现的，只不过是地下的残缺墙基，考古学者不免根据他们从历史学那儿所获得的背景知识——例如加藤范式，习惯性地将道路两边的墙基都判断成了坊墙的基址，而忽略了其他的可能性——例如某种住宅的围墙或外墙。历史学者再引用这些考古资料来进一步论证隋唐时期城市坊墙的普遍性，历史学与考古学相互间就这样形成了论证的“自激振荡”。有学者已经研究证明，只是到了唐代后期，少数北方地区的大城市才出于防御之需，模仿都城，修筑了一些坊墙。也就是说，除了经规划兴建起来的大型城市如都城等外，对于绝大多数的州县城市，我们其实并没有直接证据来证明它们曾经筑有规整的、封闭性的坊墙。前人关于隋唐时期城市设置封闭性坊区的假说，虽然对于局部地区而言有一定的史实依据，但如果将它从局部推广到普遍，并与后代城市形成断裂性的历史对比，则可能失实。

其次是关于封闭性的市场制度。前人所讨论的唐朝政府管理城市市场制度的基本内容，涉及许多方面，其中关于坊市分离、市场官设与官司监管等三个方面最为重要，值得讨论。

所谓坊市分离，指市必须设置于城郭的特定区域，与居民坊区隔离开来，不容相淆。商业活动都被限制在市之内。事实上，与其说坊市分离是一项为了限制商业活动而置的精心的制度设计，倒不如说它是城市历史演变的自然结果，更具合理性。从早期作为封君居住地、以宫殿与官寺为主的城堡，到后来慢慢以城墙包裹城外居民区与市场区的城邑，商贾匠作之融汇于城市生活——无论是地域区划还是身份地位，有一个相当长的历史过程。历代针对市户所设置的种种限制性法令，在反映传统的重农抑商政策精神的同时，还是政府向商贾征发赋税的制度基础，具有双重功能。入唐以后，商贾日常生活已经散落到各居民坊区，市变成了单纯的营业区。市户更脱贱入良，列入士农工商四民之中。因此，坊市分离制度作为传统城市演化的一个必要环节，从后人眼光看来，当然有其明显的局限性，但在历史前期，却不能不承认它是适应社会实际需求的。

关于市场官设制度，唐中宗景龙元年（公元707年）十一月敕令“诸非州县之所不得置市”（《唐会要》卷86《市》），常被论者引用，一般都将它解读为只能在州县城市设市，这当然成为了证明唐代专制政府严格控制城市商业的关键论据。在这里，我们必须首先认识到，传统市场有不同的类型与性质。例如唐代长安城的东西两市，其主体应该是服务于大宗商品交易的批发市场，也因此，各居民坊区中存在着少量的零售商业。其他大城市的市场与此类似，在中小州县城市，市的类型定位则可能更多兼具批发与零售。实际上，上述敕令所说的市，当指设有市令司的官市。在州县政府所在地才被允许设置具有全部功能的官市的制度，说明至少在其设计前期，是符合社会商品交易要求的。这些功能，包含从商品零售到大宗批发等不同类型的商品交易；商品质量、交换过程与度量衡等得到有效监管；不动产等特殊商品的市券契约之签订与公验得以方便处理，等等。在此之外，一旦社会商品交换的需求超越了州县官市所能够承担的程度，新的市场必然会在合适的地点自发地产生，即论者已经论述的自东晋南朝以来不断发展、位于城郊及农村地区的“草市”。这就是为什么同时在史文中并未见到政府明令禁戢取缔“非法”市场的记载的原因。进一步的研究还证明，这一敕条的本意，应该是为了减官省费，禁止在州县之外设置市官，而非市场本身。

与此同时，在绝大多数州县城市，为了方便官府收税，这些城市市场虽然具有某种“封闭性”，大多数恐怕并无围墙。它们也可能只是一条市街，在两头设有税卡而已。还有不少市是设在城郭之外的。从唐入宋，城市市场制度的演变，商业活动虽然已经不再被限制在官市之中，但这绝非意味着放弃对市场的监管，官府只不过是将监管的区域从特定的市扩大到了整个城郭，并将市门税改成了城门税而已。到了宋代，所有城市居民就都被泛称为“市民”了。既然整个城郭都成为了市场区，官府当然不必再将商贸活动限定在城中的某一区域，但是从唐代延续下来的市场区却并未如加藤氏所说，“已经化为单纯的地名”，实际的商业经营，仍大多集中在原先的市的地域，只是有所扩大而已。城市市场制度的这种演进，从其设计本意看，与其说是从封闭走向了开放，不如说官府为了适应城市商业活动扩大做出了必要的调整，以确保商业税收，以及对商贸活动的监管。制度设计核心原则并未见有明显更革。

关于市场监管，内容比较庞杂。学者大多引《唐六典》卷20《太府寺·两京诸市署》的文字，以为论据。其中不少内容，例如度量衡器的管理，禁止伪滥之物交易，买卖特殊商品需要公验立券等等，都是政府为维护社会商业活动正常秩序必须承担的自然职责，历代通行，并不具有特殊的时代意义。稍需关注的，有关于分行列市，市场定时启闭，推行时估，以及景龙元年敕令提到的禁止“于铺前更造偏铺”（《唐会要》卷86《市》）条文等等。以往的研究，基本都站在认定专制政府必然“限制”城市商业活动的视角来解读，因此与史实有明显出入。例如关于禁造偏铺，以往就被解读为“实际上就是不准店铺扩展营业规模”（白寿彝总主编《中国通史》第六卷《隋唐时期》上册），实际上它与当时城市禁止“诸坊市街曲，有侵街打墙、接檐造舍”（《唐会要》卷86《街巷》）等法令相类似，意在防止居民破坏城市的防御功能，以及侵损公众利益。所以景龙元年敕令下文还有“各听用寻常一样偏厢”等语，也就是在商铺两边、不侵占公共空地来扩展铺面，是被允许的，就被学者们忽略了。这自然是选择性解读的一个显例。

综上，仅从坊制与市制两项即可推知，唐宋间城市历史的演进，涉及内容错综复杂，有因袭，有更革，不同层面制度的更替也不是齐头并进的。总体观察，在继承旧制基础之上的缓慢演进是其主流。如果简单地将其归结为从“封闭”走向“开放”，无疑是放大了历史的裂变，忽略了其前后的因袭关系。

要有历史观察的思维

如果我们从唐宋间城市制度演变这一例证出发，来思考宋代历史的定位问题，就如何观察历史现象，可提出一些浅见。

首先，应该对任何“理论”或者“范式”都保持高度警惕。

历史现象总是具体的与个性的，任何一种从其他个案归纳得出的结论，与研究对象之间都不免存在距离。它们可能对研究者具有某种引导帮助，但都无法直接套用。无论是宋代近世说、唐宋转折说，还是声称为了反思欧洲中心论，进而不切实际地夸大宋代的 GDP 总量，其要点，都在于试图将中国历史演进的路径比拟于欧洲模式，因此都有脱离史实的危险。

与此相类似，国内学界一味强调传统时期商品经济“革命”性作用的思路，实际上也是外铄理论体系的产物。将唐宋两个前后相继、制度相承的朝代简单对立起来，就是显例。有意思的是，学者们还常常站在后期相对发展的立场上，通过“追溯研讨”（张泽咸语），来从后向前观察，不仅忽略了唐代城市相比于其前期的历史进步，更在宋代城市市场“开放”印象的衬托下，夸大唐代政府对于城市商业的负面影响，因而影响了其判断史实的能力。敕令解释的偏差、选择性阅读法条，都是显例。唐代政府关于市场监管许多必要的令文，例如在实物经济时代，政府出于行政需要推行的时估制度等等，宋元以后也曾长期实施，也被不少学者打上“限制”城市商业的标签，成为专制政府控制商业活动的论据。这些都是学术研究过程中观念先前所带来的不利影响。

其次，观察历史尤其需要避免片面化。历史学的研究对象是以往的人类社会，其复杂的程度，绝不亚于科学所研究的自然界。任何试图简单地举一两个例子就对历史社会做出判断的做法，都不免失误。就拿人们习惯以《清明上河图》来讨论宋代城市生活之繁盛而言，尽管画面上百肆杂陈，市声鼎沸，场景相当直观，它在多大程度上反映了开封商貌的史实？有多大的普遍意义？作者的创作意图是什么？这些都是需要认真思考的。司马光《都门路》诗句所描述的开封城风沙蔽日的情形："红尘昼夜飞，车马古今迹，独怜道旁柳，惨淡少颜色。"其所反映的开封城市生活的另一个侧面，就少有人关注。其与地方城市的对比，也常常被人选择性地遗忘。例如距开封不远的重要州府城市郑州，时人对它曾有这样的描述："南北更无三座寺，东西只有一条街。四时八节无筵席，半夜三更有界牌。"（庄绰《鸡肋编》卷上）其与开封的对比就极为突兀。更不要说一些相对不发达地区的城市，如据欧阳修记载，河东路宁化军（今山西宁武县境内），城里只有 34 户人家。所以，仅凭《清明上河图》来观察宋朝城市的"生活图景"，由个别来推论一般，显然是片面的和失真的。

最后，历史现象总是错综复杂的，任何为了吸引读者而试图以文学语言来对它作简单描述，突出焦点，不顾其他，都是危险的。例如关于唐宋城市"封闭"与"开放"的简单对比，就是如此。现代史学面临的一个重大挑战，是读者期望有更离奇的情节，更自由的想象，以及更生动的描写。对于史学来讲，囿于资料，这些都不容易做到。每一个历史学家都应该认真思考如何更好地服务读者的问题，同时，读者也需要对文学与史学的区别，有清醒的认识。

具体就宋朝历史这个话题而言，是否应该从指责其"积贫积弱"义无反顾地走向"爱宋朝"，称誉其为"黄金时代"，可由读者来做判断。不过正如城市史例证所显示的那样，更全面综合，更多地从历史的前后承续而不是断裂的视角来做观察，以期不断地接近真实，无疑是我们认识历史的必由之路。

解海昏侯刘贺三题

辛德勇

1959年生，北京大学历史系教授。主要从事中国历史地理学、历史文献学，兼事地理学史和中国古代政治史等研究。代表作有《古代交通与地理文献研究》《读书与藏书之间》《秦汉政区与边界地理研究》《困学书城》《中国印刷史研究》等。

伴随西汉南昌海昏侯墓的考古发现，第一代海昏侯刘贺重新回到了公众的视野。元平元年（公元前 74 年），汉昭帝驾崩，因无子，刘贺作为昌邑王征召入朝，立为皇太子，在位 27 天被废。海昏侯墓出土的大量精美随葬品令人赞叹不已，而墓主人刘贺的传奇经历更为人们津津乐道。

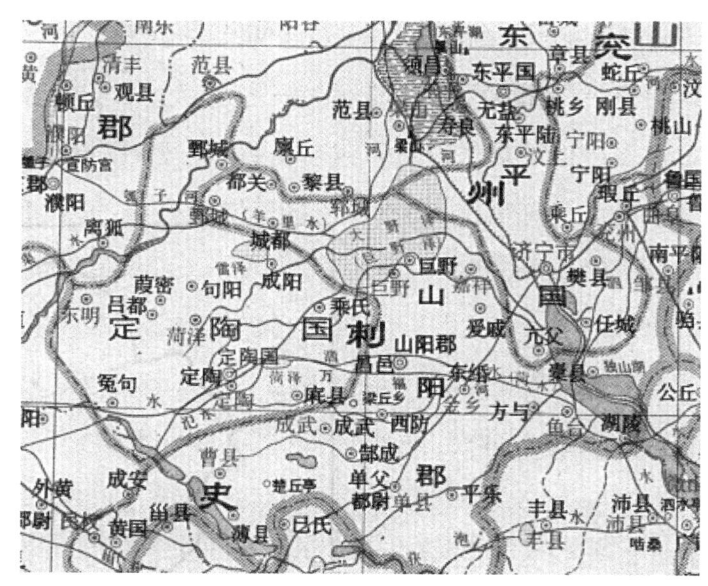

西汉昌邑国及相关区域图（图片由辛德勇提供）

一问：海昏侯墓中财富从哪里来

自 2011 年发掘以来，海昏侯墓出土了一万余件（套）珍贵文物和五千多枚竹简，黄金铜钱等物品种类丰富且数额巨大。这座墓葬基本没有受到盗掘，陪葬物品保存完好。同时，由于海昏侯的特殊经历，下葬前冒邑王国已被废除，不再有后嗣继承侯位，这些都是陪葬物品众多的原因。

从这些陪葬品出发并结合江南其他地区出土的西汉文物，有学者认为，在西汉时期江南地区的开发程度和经济发展都达到了一个很高的水平。这个观点有别于已有的历史文献记载。我认为，看待这一问题，应当相信《史记》《汉书》等基本的传世文献。司马迁在《史记·货殖列传》写道，“江淮以南，无冻饿之人，亦无千金之家”，这是对西汉中期楚越等江南地区经济开发状况的总结。

《史记·货殖列传》曾记载“豫章出黄金”，但同时也提到，“然堇堇物之所有，取之不足以更费”，意思是在豫章地区开采黄金的成本比获得的收益更大，往往得不偿失，因而刘贺也不大可能从当地采取黄金。这些随葬物品若非朝廷赐予，或在当地取得抑或从昌邑故国带来。而我认为从昌邑国带来的财富占据着陪葬物品中的主要部分。主要原因是当地的生产水平比昌邑国低很多。

从历史经济地理角度，昌邑故国确实具有雄厚的物力与财力。1958 年，史念海先生发表《释“陶为天下之中”兼论战国时代的经济都会》一文。这篇被视为中国历史地理研究领域的经典名作，从交通地理角度，对“陶”这一都邑在战国时期得以繁荣的独特区位优势做了系统的阐发。

文章提出《货殖列传》是《史记》中的特殊篇章，其中记述了一些发家致富的代表性人物，但更多的篇幅是在讲春秋战国以迄汉武帝时期全国各地区域地理特征和重要经济都会。在记述范蠡泛舟江湖以贸易通商的情况时，《货殖列传》记载：

海昏侯墓出土的金饼、马蹄金、麟趾金和金板、龙虎形玉佩及刻有“大刘记印”字样的龟形玉印。新华社发

(范蠡)之陶,为朱公。朱公以为陶天下之中,诸侯四通,货物所交易也。

首先,陶这个地方,属于战国时期魏国东迁以后的区域之内,而魏国之所以会放弃富庶的晋西南汾涑流域,转迁都城于这一地区的大梁,就是因为这一地带的富庶程度,至少不在河东旧都之下。古时这一带有一条很小的河流,称作“菏水”。菏水从菏泽流出后,向东注入泗水上游河段。泗水上游,有两条支流:一条是菏水注入的水道,就称作泗水;另一条,是沂水。这两大上游河流,在秦汉下邳县附近,合二为一,汇合后亦称作泗水。也就是说,泗水是干流,沂水则是泗水左岸的一大支流。菏水是沟通黄河(河水)和淮河(淮水)水系的一条人工渠道。据《国语》记载,它的具体开凿时间,应当是春秋末期鲁哀公十一年。而沿菏水进入淮水之后,不仅直接连通这个淮水流域的各大支流，而且还可以由此进一步南下，接通与长江航道的联系。沟通长江和淮河两大水系的邗沟在春秋末年吴国就已通航在先。

那么，陶在地理位置上的这些优越性，又与昌邑国具有什么关系呢？陶在西汉称作定陶，昌邑国就在陶的东面，与之相邻，而且昌邑国首县昌邑县，就设在菏水岸边，同样可以利用这条水道的航运，联通四面八方。昌邑几乎可以尽享陶作为天下之中所具有的所有地理优势，从事商业贸易交换物品。

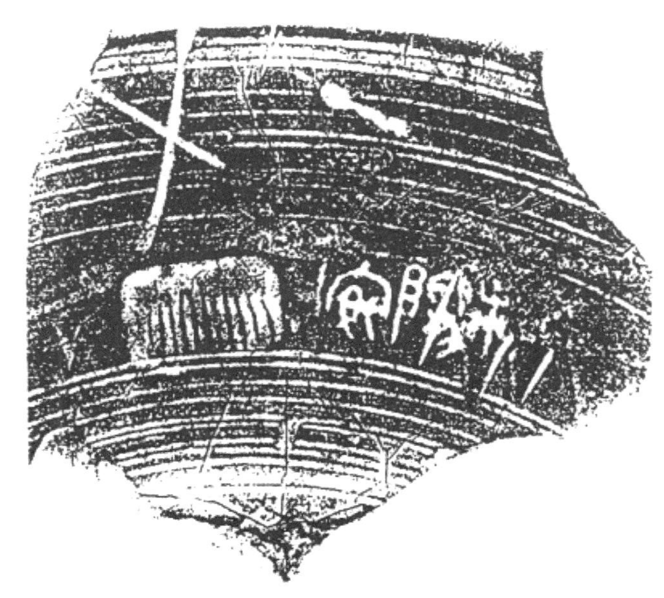

刻有“安阳市”字样的陶片（今山东巨野出土）　图片由作者提供

史念海先生在论述陶为天下之中这一地位时指出，陶不仅是一个水陆交通枢纽，同时也是陆上交通中心。史念海先生在文章中指出，战国时有一条闻名一时的“午道”，同样也是从陶这里通过。关于这条“午道”的记载，可见于《战国策》以及《史记》的相关记载之中。因为“午”字早期略近于后世“十”字的字形，我推测“午道”就如现今常见的十字交叉的通道。

在战国时，陶曾一度成为“天下之中”，因而，经由函谷关而东西方向横亘的交通大干道，必然要从洛阳向东延伸途经大梁而抵达于陶。过了陶，再向东稍行，就是后来昌邑国的首县昌邑县。而若是由此昌邑进一步向东，受鲁中山地高低起伏变化的影响，道路已经无法像平地一样通畅了。这条东西向大干道，在经过西汉昌邑县治所之后，与一条略近于南北向的大干道相连接。这条干道，南端来自彭城方向，大致循泗水、菏水水道西北行，在西汉昌邑县东侧不远的地方，转而北上，经巨野泽东侧，再向北，则抵达黄河下游的重要津渡——平原津。

秦末巨鹿之战时，宋义、项羽率楚军从彭城出发，北上救赵，走的就是这条道路，在通过后来西汉时期的昌邑县以后不久，宋义让军队驻扎在一个叫“安阳”的地方，而且一停就长达46天之久。在今山东省巨野县境内，出土过带有“安阳市”三字的秦朝陶片，从而可以推定，它应该在西汉昌邑县东北不远的地方。这一陆上交通枢纽地位表明，昌邑不仅可以利用陶所拥有所有水上交通的便利，在陆上交通方面，它还具有某些比陶更为便利的优势，或许更有利于与其他地区人员的交往和贸易往来。

秦汉之际的风云人物彭越的家乡就在昌邑县。史载他在起事造反之前，“常渔巨野泽中，为群盗。陈胜、项梁之起，少年或谓越曰：‘诸豪杰相立畔秦，仲可以来，亦效之。’彭越曰：‘两龙方斗，且待之。’”在当时，巨野泽是中原腹地第一大湖沼。彭越得以率众聚于此，静待天下形势进一步明朗之后，再决定进退取舍，这在很大程度上，就是基于巨野泽既在中原腹地、四通八达，同时又有丰富的生存资源，得以从容藏身其间这一项很重要的地理特点。

《史记·魏豹彭越列传》记载“彭越常往来为汉游兵，击楚，绝其后粮于梁地”。讲述汉王刘邦在彭城战败之后，退据荥阳，依托敖仓之粟补给军需，与追击而来的项羽相对峙时期，彭越配合汉王，在楚军后方展开的游击骚扰。彭越将兵在包括昌邑国境域在内的“梁地”亦即魏国故地，有效地阻断楚军粮食供应，是迫使项羽不得不与刘邦中分天下以退军的关键因素。这一事件，突出显示了昌邑国及其附近区域在经济地理上的优势地位。

昌邑国境域经济地理优势对楚汉战争进程及其结局的影响，不仅仅直接导致项羽退兵后撤这么简单。正是在项羽率楚军向东南方向后撤至阳夏的时候，彭越趁机攻夺“昌邑旁二十余城”，也就是一举占领自己老家昌邑县临近区域的二十多座城邑。与此同时，本来已经打算如约西撤的刘邦，又听从张良、陈平的谋划，背信弃义，出兵追击楚军，试图利用楚军因“兵疲食尽”而不得不撤兵后退这一天赐良机，才一举灭掉西楚霸王项羽。

《史记·魏豹彭越列传》所述，彭越还是动用自己在“昌邑旁二十余城”所获得的十余万斛谷米，供给汉王军食，帮助刘邦的军队，保持基本的作战能力。待刘邦封授韩信为楚王、彭越为梁王之后，彭越、韩信立即统兵加入会战，并且配合刘邦最终全歼项羽之军于垓下。至此可知，昌邑地区出产的粮食对楚汉双方的战略总决战——垓下之战的形成及其胜负，曾发生过至关重要的影响，这是昌邑地区粮食生产丰盛情况的一个很具体的反映。

以上论述表明，昌邑国具有很多得天独厚的地理优势，刘髆（刘贺父亲）的封国被汉武帝选定在昌邑，实际上充分体现了刘彻对李夫人（刘髆生母）的宠爱，用以充分保障刘髆能够在此享受富豪的生活。这样看来，今天我们在海昏侯墓中看到的大量精美文物，其中有很多应是来自富庶的昌邑故国。特别需要指出的是，老昌邑王刘髆，在位十一年，时间仅稍短于刘贺的十二年，所以，海昏侯墓中出土的器物，或许有一部分应属老昌邑王故物。目前所知所有带有昌邑王年款的铜器和漆器，其最长的年数，即为昌邑十一年，因而不能完全排除其制作于老昌邑王刘髆时期的可能。

二问：墓室里《齐论·知道》的价值

今天我们看到的《论语》，是张侯之后用《鲁论》和《古论》形成的版本，但是《齐论》与《鲁论》《古论》最大的区别就是多了两篇，即《知道篇》《问王篇》。海昏侯墓里发现的就是失传1 800余年的《知道篇》。考古人员发布了包括篇题“智道”（知、智通）在内两支竹简的照片。我们究竟应如何看待这一发现以及《齐论》的文献学价值。

大部分人知道后世所传汉武帝依从董仲舒的建言而“罢黜百家，独尊儒术”的说法，从而误以为在此之后，便是家弦

《诗经》户诵《尚书》，一派热气腾腾的儒学景象。实际上儒家思想对社会的普遍影响是一个逐渐扩展的过程。汉文帝时首开端倪，武帝虽继此有较大幅度的发展，至于儒家经典和思想融通以及全面的制度性建设与社会教化，到东汉时期才日臻完善，并为后世所继承。

汉武帝时期，儒家思想除了在官学中得到尊崇之外，在皇室成员的教育方面也发挥很显著的作用。刘贺做昌邑王的时候，其师王式便是传授《鲁诗》的名家，而昌邑王刘贺自亦能“诵《诗》三百五篇”。较此更早，其父老昌邑王刘髆，初时系以少子为汉武帝所爱，故甫一受封，汉武帝就指令“通《五经》”的夏侯始昌来做他的“太傅”。

南昌海昏侯墓出土的包括《礼记》《孝经》在内的多种儒家典籍，与《汉书》这些记载相参照，反映出汉武帝以后，在皇家子弟的培养过程中，儒家的著述已经成为教授的核心内容，而元、成二帝以后汉廷治国理念的转变，正是以此为重要基础；这也是海昏侯墓中出土《齐论·知道》的社会文化背景。

那么，能不能仅依据海昏侯墓中出土的这些儒家典籍来否定《汉书》对刘贺其人“清狂不惠”“动作亡节”之类的记载，而去证明刘贺知书达理、循规蹈矩，是一位全然符合儒家理想的正人君子呢？我认为，因为刘贺性本“不好书术而乐逸游”，这些仁义道德的教化，只是在他的消化道里空走了一趟而已，他并没有从中汲取营养，使之融入血液。前面提到的“以诗三百五篇朝夕授王”的昌邑王师王式，其实正是屡屡“以三百五篇”切谏主子，但刘贺的行为，并没有因此而发生改变。昌邑王国的中尉王吉，是另一位修身谨严的贤人君子，同样引据

《诗经》以谏阻刘贺的驱驰游猎行为，但这位公子哥儿却是“复放从自若”。《诗经》《孝经》的功用既然如此，孔夫子的《论语》也就同样无法在刘贺的身上产生什么意想不到的奇效。

前面提到的昌邑国中尉王吉，除了一般性地“兼通《五经》，能为驺氏《春秋》”，以及“好梁丘贺说《易》”之外，在对儒家学说的传承与弘布阐扬方面，还特别“以《诗》《论语》教授”。如此一来，在他的主子刘贺的墓室中发现《论语》，就是再自然不过的事情了。无奈刘贺其人实在是“朽木不可雕”也，王吉等人苦心教导的结果，上面已经谈到，亦即这位藩王依然“放从自若”“终不改节”，直到登上天子的大位，也没有发生丝毫改变，甚至都没有装模作样地掩饰一下。

不过，现在我们仍然可以看到王吉当年向昌邑王刘贺“教授”的《论语》，海昏侯墓中发现的《齐论·知道》，就应该是其中的一部分篇章。王吉是西汉传授《齐论》最重要学者，他学的、讲的，都是《齐论》，自然会向昌邑国王刘贺讲授。在昭帝去世之后，霍光派人迎立刘贺为帝的时候，王吉审度时事，剀切劝告他对霍光要“事之敬之，政事壹听之”，自己惟“垂拱南面”做个傀儡皇帝而已，其间就借用了《论语·阳货》的文句。

《汉书·艺文志》记载：传《齐论》者，昌邑中尉王吉、少府宋畸、御史大夫贡禹、尚书令五鹿充宗、胶东庸生，唯王阳名家。前文提到“王吉”，后面却没头没脑地来了一句“唯王阳名家”，相互关联，王阳只能是指王吉。唐人颜师古曾解释道：“王吉字子阳，故谓之王阳。”王吉字子阳，其少时尝因学问而客居长安，所居里中即有谣谚以“王阳”相称，颜师古的解释，固然不误。但为什么王吉字“子阳”却被单称一个“阳”字？盖古人两字之名或单称其中一字，对“字”的称谓，也有同样的通例。

王吉在劝诫刘贺时曾借用《论语·阳货》的文句，其语为：“天何言哉，四时行焉，百物生焉，天何言哉！”《鲁论》则本来是“读天为夫”，今本“天”字系东汉末郑玄依据《古论》做的订正，而王吉所称述者则与《鲁论》不同，仍作“天”字。

郑玄虽然号称参考了《齐论》和《古论》，来为西汉成帝时人张禹以《鲁论》为主编成的《论语》作注，但依据日本学者武内义雄的看法，他实际参考的恐怕主要是《古论》，并没有怎么利用《齐论》。武内义雄对比后世文献中残存的郑玄注文后指出，郑氏只注出《古论》的不同写法而没有提及《齐论》。因而，上述引文正显示出王吉教授的《齐论》与《鲁论》之间的文字出入及其同《古论》的一致性。反过来看，这也是印证王吉所学《论语》文本系统的一个实例。

由此推测，海昏侯墓出土的《齐论》，应直接出自西汉时期唯一以《齐论》名家的权威学者王吉。因而，我们应当予以关注的，不仅是久已失传的《知道》这一篇章重现于世的问题，更重要的是海昏侯墓中出土的竹书，是不是还有《齐论》的其他部分？由于其来源的权威性，若还发现有这一文本的其他部分，对清晰、准确地认识《齐论》的面目，将具有非同寻常的重大意义。

意义之重大，还不仅在文本来源的权威性上，而是可以借此深入了解后世《论语》文本形成过程中对《齐论》取舍的一些具体情况。因为现存《论语》版本的形成过程中最重要的基础是成帝时人张禹编定的文，后又经郑玄刊改，而张禹版本来是师从夏侯建学习的《鲁论》，后来又转而师从王吉、庸生学习了《齐论》，所以能从《鲁论》为主且折中二本，“择善而从”，编成定本。

因此，张禹所学的《齐论》既然也是出自唯一此学名家的王吉，昌邑王刘贺受学于王吉而写下的这部《论语》，应与张禹从王吉那里学到的《齐论》极为接近。这也就意味着海昏侯墓出土的《齐论》写本，应与张禹编定《论语》时所依据的《齐论》近乎一致，其文献学价值之大，也就不言自明了。

假如在今后的清理过程中，在《知道》和《问王》这两个《齐论》独有而又久已佚失的篇章以外，还可以发现其他一些《齐论》内容的话，实际上对我们认识《齐论》，认识《齐论》《鲁论》的传承渊源以及这两个系统文本与《古论》的关系，认识张禹、郑玄以后流传至今的《论语》文本，或许会有更为深刻同时也更富有学术内涵的意义。单单是《知道》一篇的发现，主要是可供我们了解《齐论》构成的内容，以及张禹、郑玄等人为什么对其弃而不用，价值有限，意义十分浅显。

三问：“海昏”地名的含义之谜

在保存完好的海昏侯墓中出土了大量文物和简牍文献资料，对这些文物、文献的研究刚刚拉开序幕。由于对这些文物、文献的研究整理工作还没有完全结束，因此也还没有正式公布大多数新发现的物品。在这种情况下，相关研究工作，大多只能针对一些边缘性问题，或是主要依据《汉书》等传世典籍来研究刘贺的身世。但是，有一个基本问题是“海昏”这一爵号的来源，或者说是朝廷把刘贺的列侯名号定为“海昏”的依据到底是什么？关于这一问题，有学者把“海昏”训释为“晦昏”，认为汉宣帝以此来寄寓特别的政治象征意义，即用以表示对刘贺道德层次、行为风格和执政表现的全面否定。

对此，我有不同看法。根据当时的政治形势来看，汉宣帝把已形同囚徒的刘贺册封为海昏侯，是一种善意的举措，用以安抚刘贺以及其他刘姓皇室成员。因为，汉宣帝本人则是依赖霍光废黜刘贺始得登上帝位，而刘姓皇族对霍光独揽朝政且擅行废立本已积怨甚久，这些人的怨恨情绪，需要适当纾解。在这种情况下，汉宣帝没有必要特地琢磨一个侮辱性很强的爵号冠加在刘贺的头上。此外，“海昏侯”一名当中的“海昏”两字绝不可能寓有恶意，《新唐书·宰相世系表》记载东汉光武帝曾以此名称册封沈戎一事。

对于一个具体地名来说，其构成文字和组合形态在特定历史时期属于怎样一种惯行方式和体现着怎样一种特征，往往不是一下子就能够判断清楚的。

据《汉书·王莽传》等处记载，王莽曾向平帝上奏建议设立“西海郡”之前即已设置的东海、南海和北海三郡，定名的缘由，乃是分别有大海在其东、南或者北面，而这个“西海郡”的名称，则是得自郡境西侧的一片内陆水域——这就是现在的青海湖。受“西海郡”一名影响始逐渐称用“西海”，因而在《后汉书·西羌传》里，明确看到这一湖泊被称作“西海”的叫法。

通过上面的论述，我们可以更加清楚地看到，“西海郡”名称的确定，关键不在于当地是否有“西海”，也不是王莽强自命名了一个“西海”，而是今青海湖水域在王莽设立这个郡之前就被以“海”相称。这愈加说明用“海”字来称谓具有一定水域面积的湖泊，是汉人一种很流行做法。在此需要稍加补充说明的是，像“彭蠡泽”这样以“泽”为名的水域，能否以“海”相称?

泽与湖之间，常常没有本质区别，所以有些泽也可以称之为“海”。

班固在《汉书·地理志》中称“羌谷水出羌中，东北至居延入海”，其所入之“海”只能是指居延泽，这是虽以“泽”名却仍可称“海”的确证。《汉书》乃径以“海上”一语称述滨湖的草地，这里也就是所谓苏武牧羊之处。“海上”意即“海滨”“海畔”，是滨海的陆地。

中国古代在定立地名时，采用所处位置与阳光的方位关系来做组合专名的通名，应该说是一种很普遍的现象。其中最为人们熟知的，是所谓“山南水北为阳”，当然，反之则为“某阴”，即如洛阳、华阴之类。

这一称谓的重要性，在于它与我们所要讨论的“海昏”一样，是以“海”表述一片内陆水域，再在其后附缀表示相对位置关系的词语，以指称与其相关的某一地理区域。这使我们进一步看到，“海昏”这一地名的本义，很有可能就是指彭蠡泽西南之地。

同在西汉时期，在中原腹地的陈留郡，还设有一个叫作“东昏”的县，在地名构成形式上，与“海昏”颇有相同之处，而没有任何迹象显示“东昏”两字在当时会具有诸如“昏乱”“昏秽”之类特别的“政治象征意义”。这就提示我们，这两个地名共有的“昏”字，很可能是一个表示用作地名通称的后缀。

按照前面的推想，“昏”字在这类地名中应该是用来表示西南方位，那么，在“东昏”的东北方向上，是不是有这么一个可以作为比照依据的叫作“东”的地方呢？——答案是肯定的，这里正好有一处“东”地，不仅历史悠久，还很有名。

秦汉东郡与东昏县所在的陈留郡毗邻，正在东昏的东北。把“东昏”与“东”的方位关系同“海昏”与彭蠡泽这处内陆之“海”的方位关系两相并观，似乎使我们更有理由推定：海昏县的名称，或许就是缘于该地位于彭蠡泽的西南。“海昏”只是西汉豫章郡下的一个普通县名，而以这样的封地原有地名来做爵号，本是西汉时期最为通行的一般做法。“海昏”是一个至迟在西汉就已经出现的地名。

（《光明日报》记者刘彬对此文亦有贡献）

《史记》与中华民族精神塑造[①]

张新科

文学博士。陕西师范大学文学院教授、博士生导师，教育部长江学者特聘教授。兼任陕西省司马迁研究会会长、中国《史记》研究会副会长等。出版《史记与中国文学》《唐前史传文学研究》《史记学概论》《文化视野中的汉代文学》《中国古典传记文学的生命价值》等著作，在《文学评论》《文学遗产》等刊物发表学术论文百余篇。目前主持国家社科基金重大项目“中外史记文学研究资料整理与研究”。

① 本文内容是国家社科基金重大项目 13&ZD111“中外史记文学研究资料整理与研究”阶段性成果。

司马迁是我国西汉时期左冯翊夏阳（今陕西韩城）人，伟大的史学家、思想家、文学家，1956 年被列为世界文化名人。他的巨著《史记》，展现了从传说中的黄帝到汉武帝时期三千年的中华民族历史，是中国文化史上一座巍峨的丰碑。《史记》以其深刻的思想、丰富的精神，对中国文化产生了广泛而深远的影响。今天和大家讨论的话题是《史记》与民族精神。

韩城太史祠牌匾

大家知道，中华民族精神产生于先秦时期，到汉代基本确立，此后不断发展。《史记》又正好是先秦至汉武帝时期最为丰富的历史典籍，也就是说，中华民族精神产生和发展的脉络可以在《史记》中清楚地找到。要认识中华民族精神，《史记》是最好的切入点。

《史记》记载了中华民族形成的历史过程

要谈民族精神，首先需要了解我们民族形成的基本历史。先秦至西汉时期，是中华民族形成的重要时期，《尚书》《国语》“春秋三传”等著作对此都有一些零星记载，但最有代表性的著作则是《史记》，它是一部通史，是先秦以来中国历史的集大成著作。

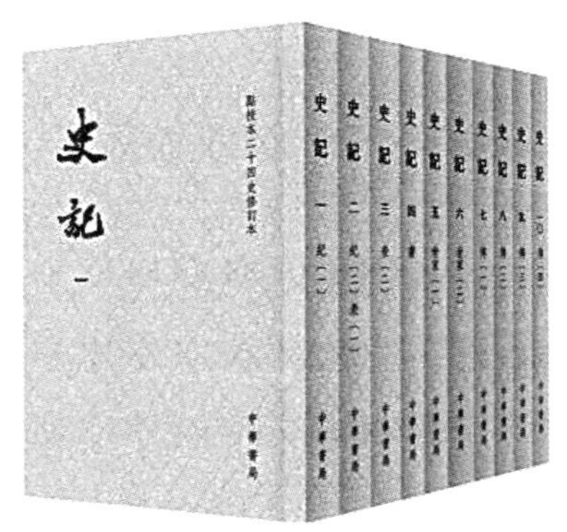

中华民族的源头可以追溯到远古传说中的三皇五帝时代。但《史记》略去三皇，直接以黄帝作为全书的开端，这是具有深刻意义的安排。首先，黄帝时期作为大一统的开始，奠定了中华民族的基本思想观念，即社会的发展需要统一而不是分裂；其次，把黄帝作为中华民族的祖先，中原和周边民族都是黄帝的子孙，形成了我们中华民族完整系统的民族谱系，中华民族的历史线索就从黄帝开始，一直延续下来，清人李景星《史记评议》就指出：“太史公史，始于五帝，重种族也，盖五帝始于黄帝，为我国种族之所自出。”

秦始皇统一中国，标志着我国统一的多民族国家历史的开始。《史记·秦始皇本纪》记载秦统一天下后：“地东至海暨朝鲜，西至临洮、羌中，南至北向户，北据河为塞，并阴山至辽东。”“六合之内，皇帝之土。西涉流沙，南尽北户。东有东海，北过大夏。人迹所至，无不臣者。”秦王朝的中央集权制，统一货币、度量衡、文字等，为统一的民族意识的形成奠定了基础。司马迁在《六国年表序》中也高度赞扬秦的统一是“世异变，成功大”。可见秦的统一在民族历史上的重要性。汉朝的建立，进一步巩固了民族大一统，并且形成以汉族为主体、以中原王朝为核心的多元一体的政治格局，匈奴等周边民族也成为中华民族的重要组成部分。

夏商周至秦汉时期，在汉族的先民——华夏族开发黄河流域的同时，各少数民族也在开发周边的地区，与中原华夏民族一起创造中华民族的历史。中华民族在文明历史的进程中，中原一带开化较早，文化较为发达，正如《史记·赵世家》中公子成所说：“中国者，盖聪明徇智之所居也，万物财用之所聚也，贤圣之所教也，仁义之所施也，诗书礼乐之所用也，异敏技能之所试也，远方之所观赴也。”

司马迁之前，人们的民族观一直是歧视周边民族，并视为蛮夷。司马迁则以独特的思想，创立民族史传，如《匈奴列传》《南越列传》《东越列传》《朝鲜列传》《西南夷列传》《大宛列传》等，把四周少数民族纳入华夏民族的版图之内，并且将他们看成汉天子的臣民。司马迁在《太史公自序》中对民族列传的设立原因有明确的交代，如：“汉既平中国，而佗能集杨越以保南藩，纳贡职。作《南越列传》。”“吴之叛逆，瓯人斩濞，葆守封禺为臣。作《东越列传》。”“燕丹散乱辽间，满收其亡民，厥聚海东，以集真藩，葆塞为外臣。作《朝鲜列传》。”“唐蒙使略通夜郎，而邛笮之君请为内臣受吏。作《西南夷列传》。”由此可见大一统时代下周边民族对中原政权的认可。

同时，周边各族与中原民族关系密切。如《南越列传》载：“南越王蔚佗者，真定人也，姓赵氏。秦时已并天下，略定杨越，置桂林、南海、象郡，以谪徙民，与越杂处。”南越王是中原人，“杂处”说明不同民族的融合。

《东越列传》记述了东越与中原的历史渊源：“闽越王无诸及越东海王摇者，其先皆越王句践之后也，姓邹氏。”

这些传记，在描述民族融合的同时，也写出各民族的生活环境和风俗习惯。如《匈奴列传》记载匈奴民族特点：“逐水草迁徙，毋城郭常处耕田之业，然亦各有分地。毋文书，以言语为约束。”“其俗，宽则随畜，因射猎禽兽为生业，急则人习战攻以侵伐，其天性也。”“自君王以下，咸食畜肉，衣其皮革，被旃裘。”“其俗有名不讳，而无姓字。”

在历史的发展过程中，各民族之间还有通婚现象，《晋世家》载晋公子重耳因骊姬之乱逃亡至狄，赵衰随从。狄伐咎如（赤狄），得二女，翟以其少女为重耳妻，长女为赵衰妻。《匈奴列传》载周襄王娶戎狄女为后，还有汉初与匈奴的“和亲”情况。《大宛列传》记载张骞在匈奴时娶胡人妻并生子。

中原国家也吸纳其他民族的人才为己所用，如春秋时期秦国，“秦穆公得由余，西戎八国服于秦”。

特别是《货殖列传》记载中原与周边民族之间的经济往来，《大宛列传》记载张骞在大夏时“见邛竹杖、蜀布”，更显示出民族之间的互相交往。

司马迁站在汉代大一统的立场上，较为全面地记载各民族的历史，并且特别注意汉朝与周边民族在政治、军事等方面的交往，尤其是汉武帝时期，征服匈奴，在河西设立郡县，在西南和两越地区推行郡县制，并派张骞通西域，都是促进民族融合的关键措施。司马迁还记载了汉朝派往周边民族的使者为大一统社会所做出的贡献，如《西南夷列传》中的唐蒙、司马相如、公孙弘和王然于等，《南越列传》中的陆贾，《大宛列传》中的张骞，等等。从当时的社会背景和历史发展情况来看，司马迁打破“种别域殊”的界限，把中国境内各民族看作一个统一的整体，这无疑是进步的、积极的。

《史记》展现出来的中华民族历史，是由原始部落到大一统封建帝国的建立，由众多民族不断地融合到以汉族为主的多民族统一体的形成。这个过程，经历了不同的社会形态，出现了不同的民族、不同的人物，但总的趋势是走向融合、认同，这就为各民族共同的精神追求、价值取向奠定了基础。

《史记》展现了中华民族精神

《史记》在展现中华民族发展、融合历程的同时，也展现出中华民族所具有的精神风貌和价值取向。总地来看，中国地域辽阔，不同民族各有特点，各有精神追求，但经过长期积淀，互相包容，达到了普遍认同，形成了共同的核心价值目标。尤其是汉武帝时期，儒家思想统治地位的确立，对中华民族精神产生了重要影响。《史记》所体现的中华民族精神主要有以下几个方面：

维护统一

《史记》展现了中华民族三千年的奋斗历史，尽管这个历程极为曲折艰难，但统一始终是人心所向。从黄帝开始，就为一统天下而“修德振兵”，此后，“虞夏之兴，积善累功数十年，德洽百姓，摄行政事，考之于天，然后在位。汤武之王，乃由契、后稷修仁行义十余世，不期而会孟津八百诸侯，犹以为未可，其后乃放弑。秦起襄公，章于文、穆，献、孝之后，稍以蚕食六国，百有余载，至始皇乃能并冠带之伦。以德若彼，用力如此，盖一统若斯之难矣”（《秦楚之际月表序》）。这是司马迁对先秦以来统一天下艰难历程的概括。统一是人心所向。司马迁在《太史公自序》中对三十世家体例解释道：“二十八宿环北辰，三十辐共一毂，运行无穷，辅拂股肱之臣配焉，忠信行道，以奉主上，作三十世家。”并且他对每篇的写作目的进行了说明，在20篇中使用了“嘉”字。这个充满赞誉性情感的“嘉”字绝大多数集中在周代诸侯国辅佐周王室和汉初维护中央统一的人物身上。《史记》“十表”每一表也都体现出了这部著作大一统的思想。

开拓进取

社会发展需要不断地开拓进取，夏禹“披九山，通九泽，决九河，定九州”，就是开拓精神的体现。《史记》中体现进取精神的首先是帝王。中华民族的奋斗不能没有理想和目标，帝王就是这种理想和目标的代表，王迹兴衰变化体现着民族的奋斗历程。《史记》以帝王为中心，这是时代的必然，我们不必苛求司马迁。尽管像三代圣君、秦皇汉武等不可避免地带有个人野心，但当他们在结束分裂、统一天下时，或在巩固自己新兴政权时，表现出了非凡气魄和力量，顺应了时代发展的潮流，因而受到人们的称赞。

社会发展是各个阶层人物共同推动的结果，天子毕竟是少数，因此，最能体现我们民族开拓进取精神的当是社会各阶层人物。以将相名臣而言，有的忠心耿耿，辅佐国君成就大业，如周公辅成王、管仲辅桓公、萧何辅汉王等；有的大臣敢于进谏，为国着想，如触龙说赵太后，张释之、冯唐面折汉文帝，汲黯直言汉武帝，等等；有的正直廉洁，奉公守法，如《循吏传》所记的孙叔敖、郑子产等"循吏"；有的为民请愿，除暴安良，如西门豹治邺等；有的出使四方，不辱使命，如蔺相如"渑池会"、张骞通西域等。三千年历史，战火不息，因而传记中出现了许多军事家：有的运筹帷幄，如张良、陈平等；有的驰骋疆场，如孙武、孙膑、司马穰苴、田单、廉颇、白起、王翦、韩信、卫青、霍去病、李广等。像霍去病"匈奴未灭，何以家为"的豪言壮语，代表了这类人物的进取精神。

《史记》人物中，值得我们注意的那些思想家，他们为了建构自己的理论体系，积极开拓，表现出强烈的历史责任感和创新精神，还有文学家的创造，体现了我们民族在精神领域中的探索精神。还有《史记》中的天文、历法、医学等领域的特殊人物，也体现了我们民族的智慧和力量。《史记》中还有大量的下层人物，如游侠、刺客、商贾、俳优、卜者，等等，他们为自己的理想而奋斗。可以说，下层人物虽然做的事情不一定惊天动地，但他们的进取精神同样应予以肯定。人类社会是由多阶层组成的，如果缺少了下层人物的进取奋斗，那么，社会这座“金字塔”也就缺少了坚实的基础。

坚韧不拔

司马迁在《太史公自序》中说明设立列传的原因：“扶义俶傥，不令己失时，立功名于天下。”但封建制度并没有给每个人建功立业创造条件，“功者难成而易败，时者难得而易失”（《淮阴侯列传》），因而，建功立业是非常艰难曲折的。也正唯其难，才更显出奋斗者顽强不屈的精神，也更具有生命的价值。《孔子世家》记载孔子是一个热心救世的人物，他有宏伟的抱负，很想在政治上有所作为。他周游列国，宣传自己治国平天下的政治主张。尽管到处碰壁，但他“知其不可为而为之”，这种精神给后代志士仁人以极大鼓舞。屈原为实现自己的“美政”理想与党人进行了顽强不屈的斗争，甚至自己被赶出朝廷后，仍在不断地追求。“路漫漫其修远兮，吾将上下而求索”，就是这种追求的真实写照与高度概括。司马迁身受宫刑，奇耻大辱使他痛不欲生，想一死了之。但是，《史记》还没有完成，如果一死了之，岂不是“若九牛亡一毛，与蝼蚁何异”！他坚强地活了下来，以惊人的毅力完成了《史记》。司马迁在《史记》中还写了许多“隐忍就功名”的烈丈夫：伍子胥报仇，名垂后世；勾践卧薪尝胆，称霸天下；范雎逃难，历尽艰险，终于权重秦国；季布为人奴而不死，终为汉代名将。正是这些人，给《史记》增添了生命力量，千载而下，仍使人激动不已。

革故鼎新

当旧的生存环境已经老化，没有生机、没有朝气时，一些有志之士，尤其是统治阶级内部较为清醒的人物，极力想给它注入新的活力，或革新，或革命，以改变或摧毁现实、建立新的生存环境为目标。改革，意味着改变传统，改变旧有的观念和做法，尤其是改革触动贵族利益时，往往遭到保守势力的反对。《商君列传》记载商鞅变法时，先以雄辩和果敢打消了秦孝公的疑虑，然后又与甘龙、杜挚等保守势力进行斗争，终于使秦国获得新生。但后来，保守势力又一次抬头，商鞅被车裂，成为悲剧人物。再如《晁错传》所记，西汉初年，中央集权和地方势力之间存在着尖锐的矛盾，晁错从加强中央集权的愿望出发，提出许多变革的策略，最重要的一条就是削弱郡国势力，这引起了一场轩然大波，诸侯对他恨之入骨。结果，晁错被身斩东市，同样成为悲剧人物。

如果说革新还只是对现实进行轻微改造的话，那么，革命则是更激烈的改造现实的方式。《史记》所载的汤伐桀，武王伐纣，乃是改朝换代。一个王朝因为政治敝坏而走向覆灭，但同时又意味着另一个受民众欢迎的王朝的新生。对华夏民族来说，这是暂时的曲折和苦难，我们民族不屈不挠的精神也就体现在这伟大的变革之中。“本纪”就是这个变革的具体体现。与改朝换代相关联的是起义。也正由于这些起义，推动了社会向前发展，从一个侧面反映出我们民族积极进取、勇于革命的精神。尽管起义多以失败而告终，但最终给后人的，却是一种可歌可泣的精神。

忧国爱国

忧患，这是个体生命一种普遍的精神现象。春秋战国时以孔子、孟子为代表的儒家学派，则把这种忧患意识扩大到整个社会。忧患意识有着深刻而丰富的内涵，它饱含着生命的热情，是人的生命意志的顽强表现，促使人发奋努力，促使人追求“生”的价值。《屈原列传》就是这方面的代表。当社会处于分裂、动荡之时，忧患意识会成为一种积极的时代风尚，一大批有志之士，为社会的统一、安定而忧虑。如春秋战国时代，之所以出现百家争鸣局面，与思想家们的忧患意识分不开，尽管各家学说不完全相同甚至针锋相对，但有一个共同的时代主题，就是如何结束战乱、统一天下。诸子百家的著作中，都有这些思想家的自我形象，透过他们的理论主张，也不难看出他们的忧患意识。《史记》对这些思想家的忧患意识也都有表现。当然，在天下一统、新王朝刚刚建立之时，统治者为巩固政权也往往产生忧患意识，因而也会有共同的时代课题。如西汉初年，围绕着如何巩固政权问题，出现了一大批忧患人物，《史记》中记载的陆贾、贾谊、邹阳等，都为国家的长治久安而忧患，甚至在盛世也会出现“危言”。贾谊生活在“文景之治”的盛世，朝廷上下都以为可以坐享太平，独有贾谊深谋远虑，发出振聋发聩的忧世之言，表现出超前性的忧患意识。忧患意识是与爱国精神紧密相连的。忧国，正是为了爱国。在中国古代，爱国精神在不同阶段有不同表现，而且往往与忠君连在一起，但它已作为我们的民族心理，深深地积淀下来。《史记》所记蔺相如在渑池会上奋不顾身维护国家尊严，在内部不愿与廉颇争功，而是“先国家之急而后私仇”，霍去病为国家忘自家、克己奉公，卜式输财助边，济国家之困，李广反击匈奴，保家卫国等，都体现了爱国精神。

崇尚德义

西周时，“敬德”思想就已成为衡量国君的一个重要条件。此后，社会急剧变化，人从神的桎梏中解脱出来，人成为主宰自己行动的主人。而要真正做人，就必须注重道德修养。孔子的仁学思想就是这个时代的产物。就个体人格而言，孔子强调“三军可夺帅也，匹夫不可夺志也”（《论语·子罕》），孟子更追求大丈夫人格，“富贵不能淫，贫贱不能移，威武不能屈”（《孟子·滕文公下》），尤其是儒家杀身成仁、舍生取义的人格追求，给有志之士以巨大的鼓舞力量。在《史记》中，我们可以看到，从传说中的黄帝开始，许多国君德厚仁爱，受到民众拥护爱戴；而暴虐如桀纣的国君，则被民众推翻。《郑世家》记载子产的话语：“为政必以德，毋忘所以立。”为了维护自己的统治，执政者不得不实行一些于民有利的措施，以显示自己的仁德，尤其是新王朝建立之初，更是如此。像商汤、周文王、周武王、汉文帝等，被人称为仁爱之君。即使像“春秋五霸”，也时常打出仁德的旗号，以争取人心。《孝文本纪》记载：“汉兴，除秦苛政，约法令，施德惠，人人自安，难动摇。”当然，在《史记》中，我们更多的是看到志士仁人的高风亮节。伯夷、叔齐不愿食周粟而饿死；屈原为保持高洁人格而沉江自杀；鲁仲连宁愿“蹈东海而死”，也不忍秦国称帝；尤其是《赵世家》记载的“赵氏孤儿”故事中的公孙臼、程婴等义士，为保护赵氏孤儿而牺牲自己谱写出一曲动人的乐章。

《史记》所表现的民族精神，除以上所述外，还有：维护正义、反对邪恶；团结友爱、忠于职守，等等。

《史记》对民族精神塑造所起的重要作用

《史记》所表现的中华民族的生命及其精神，并没有随着时代的消逝而消逝，也没有随着历史的逝去而凝固，而是一个继续流淌着的过程，它是传统精神，但经过净化、升华之后又变为现实精神，并指向未来。

《史记》对于中华民族精神的塑造起了重要作用。民族精神不是抽象空洞的，是由无数个实实在在的个体身上所体现的精神而形成的，流淌在我们民族的血液中。黄帝作为中华民族的祖先，我们的民族精神就从这里开始发源。民族生命、民族精神犹如一江春水，细大不捐，兼收并蓄。在三千年的发展过程中，河流愈来愈宽，声势愈来愈大，力量愈来愈强。如果把整个中华民族精神比作一个母系统的话，那么中华大地上各个民族的精神就是一个个子系统。在这些子系统里，有无数个富有活力的个体生命在跃动。它的跃动，使整个系统都充满了活力。《史记》中许多人物积极进取、刚强不息、勇于革命，也正是活力的体现。一个民族的大厦需要全民族的人来支撑。而《史记》中大量的优秀人物、脊梁人物，在支撑民族大厦过程中起了中坚作用，对民族精神的形成做出了重要贡献。

作为一部史书，《史记》通过独创的编撰体制展现我们的民族精神。司马迁第一次把中华民族三千年历史纳入一个巨大而又有系统性的载体之中。《史记》是纪传体著作，以人为核心反映历史的变化，所以，对于民族精神的展现主要是通过各阶层人物来实现，这些人身上有我们民族精神的徽记。本纪、世家、列传三体各有侧重，从不同的层面展现帝王、贵族、社会各阶层的人物。三体的开篇颇有深意，它们具有共同的思想特征，即以“德”和“义”立意，已经体现出我们民族的价值追求。本纪开篇《五帝本纪》，突出五位帝王的“德”和“让”，有德者有天下。世家第一篇《吴太伯世家》，司马迁在《自序》中阐明创作主旨：“嘉伯之让，作《吴世家》。”列传第一篇《伯夷列传》亦是如此：“末世争利，维彼奔义；让国饿死，天下称之。作《伯夷列传》。”所以，司马迁选择人物，其中就蕴含着他的精神追求。一些高官厚禄之人没有进入史书反而是一些下层人物入选，目的就是要突出有价值、有意义的人物。《史记》选择人物的过程，实质上就是人物精神的选择过程。“八书”展现不同时代的文化典章制度，揭示人与自然、人与社会、人与人之间的关系，为认识中华民族精神提供丰富的社会和自然环境背景。“十表”则以大事年表的形式清晰展现中华民族三千年历史的流程。因此，《史记》五种体例互为补充，是一个完整的系统。中华民族精神就是在这个系统中得以体现。

《史记》对于民族精神塑造的又一贡献在于，它较为真实全面地记载了各民族逐渐融合的过程。通过这个融合过程，也体现了我们民族兼容并包的精神。如前所说，《史记》设立专门的民族列传，真实反映了各民族之间的关系。《史记》其他篇章中也往往注意民族融合问题。如《吴太伯世家》：“余读《春秋》古文，乃知中国之虞与荆蛮句吴兄弟也。”说明吴国与中原之间的密切关系。又如《自序》所言：“嘉句践夷蛮能修其德，灭强吴以尊周室，作《越王句践世家》。”强调句践与中原的关系。《晋世家》记载晋悼公时重用魏绛，“使和戎，戎大亲附。”晋悼公称赞道：“自吾用魏绛，九合诸侯，和戎、翟，魏子之力也。”这体现出不同民族之间和平共处的特点。

《史记》为了展现人物的精神追求和价值取向，采用了一些独特手法。因为精神不是空洞的，而是通过具体的行为体现出来，所以往往在人物传记中放大某些事件。虞舜至孝，禹分九州，勾践卧薪尝胆，商鞅变法强国，蔺相如渑池相会，田单复齐，项羽破釜沉舟，韩信背水一战，晁错削藩，李广治军，张骞通西域，司马迁发愤著书等重大事件，最能表现人物的精神，《史记》也就特别用浓墨重彩去描写。有时则通过一个小小的细节，体现人物的精神品格，如《吴太伯世家》记载，季札出使，北行时造访徐国国君。徐君喜欢季札的宝剑，但没敢说，季札心里也明白徐君之意，但因还要出使中原各国，所以没献宝剑给徐君。出使回来又经徐国，徐君已死，季札解下宝剑，挂在徐君坟墓树木之上才离开。随从人员不解其意，季札曰：“始吾心已许之，岂以死倍吾心哉！”这表现了季札诚信的人格精神。廉颇“负荆请罪”表现知错就改，“公仪休拒鱼”表现廉政，甚至不知名姓的“漂母”，其助人精神也感动后人。另外，《史记》常常通过人物的语言描写、心理描写以及对比描写等手法表现人物的精神追求，也给人留下深刻印象。

司马迁敏锐的思想，独特的价值观、历史观，渗透在《史记》中，对我们民族精神的塑造起了关键性作用。司马迁是思想家，他要“究天人之际”，通过三千年历史找到了答案：推动社会巨轮前进的是人不是天，而每个人身上所体现的精神正是社会力量的集中体现。他要“通古今之变”，强调从“变”中观察一切，社会在变，人的精神也在变，我们的民族精神也正是在不断的发展变化中逐渐形成。司马迁也正是在究天人之际、通古今之变的过程中，大胆突破传统思想观念，表达了不同于一般思想家的“一家之言”。正是由于司马迁独特的历史观、价值观，使《史记》成为“史家之绝唱”，成为我们民族精神的载体。司马迁用自己的心血铸成了我们中华民族历史的长城，把我们民族的精神揭示出来，其贡献值得肯定。

《史记》所展现的先秦至汉代的中华民族精神，经过不断的扬弃、净化，成为我们民族宝贵的精神财富。时代发展到今天，我们既要弘扬传统精神，又要呼唤更高层次的民族精神，为民族复兴提供强大的精神动力。

李白与丝路文化

李　浩

陕西靖边人，西北大学中国文化研究中心暨汉唐文学研究院教授，教育部长江学者特聘教授。兼任国务院学位委员会第七届学科评议组成员、中国唐代文学学会副会长兼秘书长、中国李白研究会副会长等。研究领域为中国古代文化、唐代文学、家族与地域文学、园林文学等。

从李白 “草吓蛮书” 说起

唐人范传正在《唐左拾遗翰林学士李公新墓碑并序》（下文简称“碑序”）中记载：“天宝初，召见于金銮殿，玄宗明皇帝降辇步迎，如见园、绮。论当世务，草答蕃书，辩如悬河，笔不停辍。”唐人刘全白在《唐故翰林学士李君碣记》中记载：“天宝初，玄宗辟翰林待诏，因为和蕃书，并上《宣唐鸿猷》一篇。”元人王伯成杂剧《李太白贬夜郎》第一折也有：“那里是樽前误草吓蛮书。”清人黄宗宪的《流求歌》也沿用这个典故：“归化虽编归汉里，畏威终奉吓蛮书。”褚人获的《隋唐演义》等文学作品也对此事有歌咏和渲染。这些说法均难以完全凭信。但为什么从唐代开始人们就喜欢将此事附会在李白身上，为什么都夸耀李白能“答蕃书”“草吓蛮书”呢？

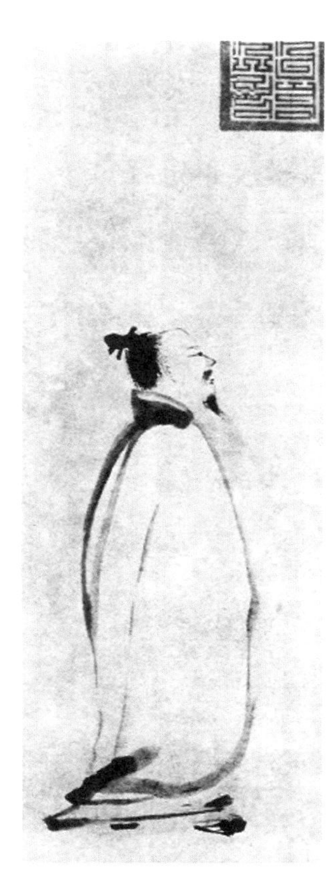

《李白行吟图》 梁楷（南宋）画

这一明显的附会现象却引发了我的几点学理性思考：一是唐代所谓“蛮书”，确有其书，但是指唐人樊绰所著《蛮书》，此蛮书非彼蛮书，它是唐代记载南诏（在今云南）大理地区的一部历史地理著作。

二是小说中所言李白阅读和回复的是渤海国语言文字。渤海国在今天我国东北地区，当时这个地区的民族主要是靺鞨族，分为黑水靺鞨和粟末靺鞨，渤海国主要是粟末靺鞨。据大多数研究者的看法，李白并没有去过东北地区，他没有太多机会接触渤海国的语言，更不用说精通。但是，文学家为何把“醉草吓蛮书”的桂冠授予李白，而不是杜甫、王维、岑参、高适或其他诗人？

三是即便人物与故事的核心情节是虚构的，但假托李白致书中提到颉利背盟而被擒，弄赞铸鹅而纳誓，新罗奏织锦之颂，天竺致能言之鸟，波斯献捕鼠之蛇，拂菻进曳马之狗，白鹦鹉来自诃陵，夜光珠贡于林邑，骨利干有名马之纳，泥婆罗有良醉之献等，这些却是事实，多与隋唐的中外交流和丝路文化有关。

四是在唐代这样一个中外文化交流频繁、丝路贸易昌盛的时期，李白经常往来并居住于国际化大都市长安，五方杂处，风云际会，李白是否也濡染了时代风气？或者说他与这一时代风气有何关系？

五是在李白生活的唐代，前有裴矩、玄奘等熟知殊方，后有杜环等经行中亚，且都有关于西域的行旅经历和著作。他们是如何与异域的人们交流的？又用什么样的语言交流？特别是像玄奘、杜环等都在丝路地区生活多年，他们是否懂外语，懂哪些外语，从何处学习，外语这个窗口对他们了解认知域外文化有何作用？

从这些稗官野史，甚至有些穿凿附会的故事背后，我们可以看到李白是有接触、了解丝路地区其他民族语言文化的条件的。2015 年 10 月，两个与李白相关的学术会议相继在唐代首都所在地和古代碎叶城所在地召开，一个是在西安召开的中国李白研究会第十七届年会，另一个是在吉尔吉斯斯坦召开的“李白与丝绸之路国际学术研讨会”。这样两个学术活动与我今天要讲的题目也有某些联系。

唐代长安与丝路文化

李白笔下的长安城：“何处可为别，长安青绮门。胡姬招素手，延客醉金樽。”（《送裴十八图南归嵩山二首》其一）“五陵年少金市东，银鞍白马度春风。落花踏尽游何处，笑入胡姬酒肆中。”（《少年行二首》其二）两首诗均提及长安的地名，青绮门是外郭城东门，诗中多作为送行之地的代称。金市指长安的西市，为唐代丝绸之路贸易所在地。有趣的是，长安东、西两地都有西域胡姬的酒肆。这并不是什么稀奇事，学界也早有研究。知名学者向达早在 20 世纪 50 年代就曾著有《唐代长安与西域文明》，其中专设一节讨论西市胡店与胡姬。美国学者陆威仪所著《世界性的帝国：唐朝》一书设专章讨论唐朝的“外都世界”，其中用一节的篇幅叙述“在唐朝的外国人”（《哈佛中国史》第三卷）。前人所谓“西域”研究，与今天的丝绸之路研究，有很大的交叉和重复。循名责实，应该先有汉代张骞凿通西域及隋唐以来丝路文化兴盛的事实，后来才有“丝绸之路”概念及研究的出现。

一是丝路文化在唐代长安的遗迹。由于唐武宗时的毁佛及历代战乱等的破坏，长安地上的丝路文化遗迹大多数已湮灭，但是今天西安至少还保存有大慈恩寺（大雁塔）、荐福寺（小雁塔）。景教，唐代时正式传入中国的基督教聂斯脱里派，也被称为东方亚述教会。景教起源于今日叙利亚，是从希腊正教（东正教）分裂出来的基督教教派，由叙利亚教士君士坦丁堡牧首聂斯脱里于公元428年至431年创立。一般认为，景教是最早进入中国的基督教派，曾一度在长安很兴盛，但多由非汉族民众所信奉。唐代景教的寺院，现在地面上已经看不到，但西安碑林博物馆保存有记载唐代景教情况的《大秦景教流行中国碑》。新千年以来，在西安大明宫遗址北，相继发掘了安伽墓、史君墓和康业墓等三座粟特人墓葬。墓志上的粟特文引起中外学者的关注，其中安伽墓门上的祆教彩绘、石榻浮雕上的丝路舞会，反映入华粟特人的宗教及生活图像，弥足珍贵。

二是丝路沿线外族人在唐代长安的居所。丝路沿线外族人来长安下榻在什么地方？一般认为是在鸿胪寺与礼宾院，即唐朝中央政府主管民族事务与外事接待的机构。但需要注意的是，鸿胪寺与礼宾院是外交主管机构，不可能接纳很多外国或其他民族人士居住。其实鸿胪邸舍、鸿胪客馆才是他们的主要居住地，它们相当于今天的国宾馆，旧址约在今西安城含光门内之东甜水井街至四府街南段（参看张永禄主编《唐代长安词典》）。

三是丝路文化促成文明互鉴的一些例证。丝路文化与唐代文化相互影响，交融促进，这里以法显、裴矩、玄奘、杜环、圆仁、遍照金刚、崔致远、李珣等为例，其中前四位是华夏学

大秦景教流行中国碑

人，后四人是境外僧人或学者。志向高远的中原士人沿着丝绸之路向外学习，取得卓绝的成就。法显是东晋高僧、旅行家、翻译家，他早于玄奘几百年即到西域、天竺取经，写出了《佛国记》。裴矩是隋唐时期的人，《旧唐书》卷六三《裴矩传》记载："大业初西域诸蕃款张掖塞，……（矩）乃访西域风俗及山川险易、君长姓族、物产服章，撰《西域图记》三卷，入朝奏之。"可以说他是一个有心之人，留下了一部记载丝路文化风物的重要著作。玄奘的《大唐西域记》名气更大，不必赘述。杜环是大政治家、制度学家杜佑的族侄，他随高仙芝西征中亚怛逻斯，兵败被俘，滞留西域，其后曾游历西亚、北非。这批滞留的唐人把中原的造纸术等技术传播到了中亚，并在撒马尔罕开办了一个造纸作坊，于是中国的先进发明经由丝路传到了欧洲。杜环后来逃回唐朝，将他的历险经历著成《经行记》。杜佑《通典》引用了《经行记》的内容，该书因此保留了一些。圆仁是日本僧人，他偷渡到中国，到过五台山、洛阳、长安等地，最后以日记体的形式撰写《入唐求法巡礼行记》，记载他在中国的见闻。遍照金刚是一位日本遣唐的僧人，他撰有《文镜秘府论》，把唐代成熟起来的格律诗的具体细节情况记录下来、传到了日本。崔致远是新罗（今韩国）人，他来唐朝留学，并考中进士，还在唐朝做官，后来又回到新罗，有用汉文创作的诗文集《桂苑笔耕集》传世。李珣是波斯人，他的《海药本草》是专门记述由波斯等域外传入中国的药物的名称、特点、性能等的医学著作。

这两组学者的八部著作很好地阐释了丝绸之路、丝路文化促进中外文化“双向馈赠”“文明互鉴”的理论。美国学者谢弗在《唐代的外来文明》一书中曾说：“唐朝人追求外来物品的风气渗透到唐朝社会的各个阶层和日常生活的各个方面……整个唐代都没有从崇尚外来物品的社会风气中解脱出来。”指出丝路文化对唐代社会文化的影响。另外两位美国学者费正清（Johnking Fairbank）、赖肖尔（Edwin Oldfather Reischauer）在《中国：传统与变革》一书中指出：“唐朝作为当时最大的帝国受到许多邻近民族的极力仿效。人类中有如此大比例的人注意中国，不仅把它视为当时首屈一指的军事强国，而且视为政治和文化的楷模，这在唐以前从未有过，以后也不曾再有。”这从另外一个侧面来评价，指出周边邻近民族把唐朝当作政治和文化的榜样，当时综合国力的提升和文化“软实力”的增强，实与开放开明的丝路文化兴盛分不开。

李白与西域关系已有的研究成果

早在唐代，李阳冰为《李白集》作序时就说：“李白，字太白，陇西成纪人，凉武昭王暠九世孙。蝉联珪组，世为显著。中叶非罪，谪居条支，易姓与名……神龙之始，逃归于蜀。”（李阳冰《草堂集序》）中唐范传正在《碑序》中也说：“其先陇西成纪人……凉武昭王（李暠）九代孙也。隋末多难，一房被窜于碎叶。流离散落，隐易姓名。”新、旧《唐书》中也有类似记述，其中《新唐书·李白传》中说：“李白字太白，兴圣皇帝九世孙。其先隋末以罪徙西域，神龙初，遁还，客巴西。”三条记载，一说谪居条支，一说窜于碎叶，一说以罪徙西域。三个说法并不相同，具体地点及古今沿革也众说纷纭。但若说其地即丝绸之路的某个节点城市，当无大的问题。

现代学者也有不少论述。陈寅恪先生说：“夫以一元非汉姓之家，忽来从西域，自称其先世于隋末由中国谪居于西突厥旧疆之内，实为一必不可能之事。则其人本为西域胡人，绝无疑义矣。”（《金明馆丛稿初编·李太白氏族之疑问》）郭沫若先生则认为他“以武则天长安元年（公元 701 年）出生于中央亚细亚的碎叶城”（《李白与杜甫》）。周勋初先生说：“此时碎叶虽然还未纳入中国的版图，但东西交通还是通畅的，李白先人自可沿着丝绸之路迁徙到碎叶去。”（《李白评传》）袁行霈总主编的《中国文学史》中则说：“不知由于何种原因，李白先世谪居条支或碎叶，李白就出生在那里，大约在他五岁时，随家从碎叶迁居蜀之绵州昌隆县（今四川江油）。”可见，无论是原始文献还是现代学者的观点，大家共同认识到李白的出生地与西域、与中亚地区即后来所谓丝绸之路是有关联性的。

葛景春先生谈论李白与西域文化的关系时指出：“在盛唐的著名诗人中，一说到西域及丝绸之路，人们一定会首先想到两位诗人，一个是李白，一个是岑参。我们知道，岑参是一位著名的边塞诗人，他就像一个高明的摄影师，将中亚西域的壮丽风光和风土人情，生动形象地呈现在他的诗中。但李白的西域文化因子，并不完全表现在他的诗中，而是烙在他的灵魂里，溶化在他的血脉中。可以说，岑参诗中的西域文化成分，只是表现在风物和景象上，而李白的西域文化因素，却体现在他的骨子里。他本身就是中国文化和西域外来文化相互交融的代表性人物。”（葛景春《李白及其诗歌中的丝路文化色彩》）他敏锐地揭示了丝路文化对于李白影响的深刻性和内在性。

李白身世之谜与丝路文化

出生地之谜。李白出生地有碎叶、条支、西域诸说，诸说之间有什么关系？几个地名究竟在什么地方？西域、碎叶确指何处？学界争议很大。但它们都是丝绸之路上的节点城市。

家世世系之谜。李白身上还有一个更大的迷，即他的家世之谜。他在《上安州裴长史书》中自述说："白本家金陵，世为右姓。遭沮渠蒙逊难，奔流咸秦，因官寓家。"右姓就是豪门大姓，但究竟是什么样的家族，做什么官，是富商还是显贵？并没有说清楚。范传正《碑序》说他"其先陇西成纪人。……约而计之，凉武昭王九代孙也"。"凉武昭王之后"，就是说李白与李唐统治者是本家，这种说法是否可信，无法考证。

卒葬地之谜。范传正《碑序》中说："殡于龙山东麓，……丶新宅于青山之阳，……故乡万里且无嗣，二女从民永于此。"李白权殡和迁葬的龙山、青山都在今天安徽的马鞍山，这里并不是他的故乡。"故乡万里且无嗣"，李白有儿子伯禽和女儿明月奴，这里却说"无嗣"。"故乡万里"，他的故乡在哪？我们知道，包括唐代在内的中国古代汉族士人，乃至一般家族都很看重落叶归根、去世后安葬故乡祖茔，像杜甫，去世后权殡在洞庭湖附近平江，四十年后其孙杜嗣业还是把他灵柩运回偃师的祖茔，和杜预、杜审言葬在一起。但李白卒于客寓，未迁归祖茔，颇异唐代士族丧葬礼俗，虽因子孙无经济条件归葬，但亦当与其家久居西域，濡染胡风，中原礼俗观念淡薄有关。

李白出生地、世系、卒葬地的无从核实，让人迷惑难解之处，也许正是因为他这方面有一些不便道明的地方，这可能与他家族的丝路生活背景有关。

李白亲友与丝路文化

李白家人亲友中也颇有一些地方，似乎显示着他与丝绸之路文化的紧密关系。

李白父亲“李客”的名字。李白的父亲叫李客。陈寅恪先生指出：“其父之所以名客者，殆由西域之人其名字不通于华夏，因以胡客呼之，遂取以为名，其实非自称之本名也。”（《金明馆丛稿初编》）还有人说，李客是他迁住蜀中江油时当地人对他的称呼。陕西关中地区现在还有将游走流动的人称作“客”的习惯，比如夏收期间帮助收麦的被称作“麦客”，使拳弄棒的侠者被称为“刀客”，游走各地展示厨艺的被称为“勺客”。

李白妹妹“月圆”的名字。宋代杨天惠《彰明逸事》中记载，李白有一妹妹叫月圆。周勋初先生指出，在古人的观念中东边的扶桑是太阳升起之地，西边的月窟是月亮升起之地，月与西方有密切的关系。李白笔下大量描写的“月”，其妹妹取名月圆，都寓托着对远西出生之地的怀恋（《诗仙李白之谜》）。

李白之子名字“颇黎”。李白儿子大名叫伯禽，伯禽原是周公之子的名字，可能寄寓李白的政治抱负。伯禽小名叫颇黎，更富有西域的色彩。颇黎即玻璃，是外来语，一说源自梵语sphatika，另一说源自波斯语 phatka。饶宗颐先生曾提到，美国学者艾龙（E. O. Eide）认为李白之父客、子伯禽二名，都是突厥语（饶宗颐《李白出生地——碎叶》）。不管是来自梵语、波斯语还是突厥语，应该都与西域文化有密切的关系。

李白之女“明月奴”的名字。李白的女儿叫明月奴，季羡林、岑仲勉等学者认为，“奴”字缀于人名之尾，即佛之奴仆之义，取名习俗与佛教文化有关。

采诗认为“奴”字是由梵文转译的，即 Dasa（达沙）的意译，是一种爱称。杨宪益则认为，“达沙”的意思则是“奴”，这是一个相当常见的梵文名字（《译余偶拾》）。

李白友人吴指南的丧葬习俗。李白在《上安州裴长史书》中说，他的好友吴指南去世后先是他将吴的遗体权葬在洞庭湖一带，数年后李白“雪泣持刃，躬申洗削。裹骨徒步，负之而趋”，埋葬在鄂城（今湖北）之东。周勋初先生认为李白这种“剔骨葬友”的做法和南蛮遗风与突厥丧葬习俗有关（《诗仙李白之谜》），也有学者说与吐蕃的天葬习俗有关。总之这不是汉族的习俗，也可看出他身上所具有的异域文化传统。

从李白家人的名字、李白对朋友的这种特别的感情上，我们仔细考察，颇能看到有许多不合乎中原汉民族文化传统的地方，这可能与他的家族曾在丝路沿线地区生活过，濡染了当地民族的风习有关。

李白的行旅与作品中的丝路文化

李白一生喜欢旅游，他自己曾说“五岳寻仙不辞远，一生好入名山游”（《庐山谣寄卢侍御虚舟》）。其实李白一生有三次与丝路文化相关的大的旅程。第一次是幼年之行，五岁时随家人由碎叶回到内地，走的大体是陆上丝路的线路。第二次是壮年时由川出峡，由南向北，走的大体是后来茶马贸易的路线。第三次是中年时由西向东，从中原到边地。这次旅行是安旗等学者最早发现的，安旗先生指出李白曾到过北方的幽燕一带。这三次大的旅行，都使他有机会接触少数民族的文化和习俗。

李白作品最引人注目的是他对民族战争的态度，颇有些与众不同，超越时代之处。他在《古风》其十九中说：“俯视洛阳川，茫茫走胡兵。流血涂野草，豺狼尽冠缨。”这是对安史之乱的批判，由于安史之乱是胡人将领的叛乱，所以他大力批判，态度和当时大多数诗人一样，对导致生灵涂炭的叛军挞伐批判。但有些诗中则可看出他的不一样之处，如《答王十二寒夜独酌有怀》：“君不能狸膏金距学斗鸡，坐令鼻息吹虹霓。君不能学哥舒，横行青海夜带刀，西屠石堡取紫袍。”对哥舒翰攻取吐蕃石堡的战争持批判态度，与当时王维、储光羲、高适等对此一味歌颂相比较，思想的高下深浅就显示了出来，在这一点上李白是一个超越时代的伟大诗人。还有《古风》其四十三、《书怀赠南陵常赞府》抒发对唐王朝攻打南诏大理国的看法，也是持大力批判的态度。

当时的文士多有“夷夏之防”的观念，但李白却没有。唐太宗李世民曾说：“自古皆贵中华，贱夷狄，朕独爱之如一。”（《资治通鉴》卷一九八）可以说李白能够领会唐太宗“华夷如一”的民族思想，所以能够在夷夏观念上超越时代，他不是一个只会舞文弄墨、雕章琢句的小文人，他是一个有大中华思想、天下意识的大诗人。这是我们研究、认识李白作品时需要注意的，不应只在字句上钩深索隐，而是要在大处领会李白超越时代的伟大之处。周勋初先生曾发现，在李白的全部诗文中，从未用过“蕃”字、“番”字或“蛮”字。只出现过“陈蕃”的“蕃”字，但这是古人的名字，不是对少数民族的称呼（《诗仙李白之谜》）。李白诗中用过“胡”字，但这是一个中性词，不含有轻蔑意思。李白思想能达到这一境地，可以说和他深受丝路沿线多民族文化影响，自幼具有民族平等的意识不无关系。

李白《战城南》诗中说："匈奴以杀戮为耕作，古来唯见白骨黄沙田……乃知兵者是凶器，圣人不得已而用之。""乃知兵者是凶器，圣人不得已而用之"是《老子》中的说法和思想。李白吸收这种热爱和平的思想观念，主张不轻启边衅，不轻言战争，与杜甫《兵车行》中的"边庭流血成海水，武皇开边意未已"反对穷兵黩武旨趣相通，思想深邃，境界高远，值得今日世界各民族人民温习和思考。

李白诗中还描写了不少西域地区音乐、舞蹈等文化内容，如《前有樽酒行二首》其二说："胡姬貌如花，当垆笑春风。笑春风，舞罗衣，君今不醉将安归。"葛景春先生认为，李白《东山吟》"酣来自作青海舞，秋风吹落紫绮冠"，《扶风豪士歌》"脱吾帽，向君笑。饮君酒，为君吟"等诗表明，他"本人也能自编自跳青海舞、脱帽舞等"胡人的舞蹈（葛景春《李白及其诗歌中的丝路文化色彩》）。李白又有《僧伽歌》一诗，描述他和从南天竺来的僧人僧伽熟识、交往的情况，也颇有异域色彩。

李白在《上安州裴长史书》中曾记载说："曩昔东游维扬，不逾一年，散金三十余万，有落魄公子，悉皆济之。此则是白之轻财好施也。"表明他是一个乐善好施的慈善家。但乐善好施要有雄厚的经济基础，李白做好事的底气从何而来呢？有学者曾指出他的父亲可能是富商，所以能提供给他优厚的旅行盘缠（见麦朝枢《李白的经济来源》）。他这样的行为行事方式，也和一般中国士人的做派不大一样。

总之，李白的家庭、他自己身上、他的诗文中都有不少迹象表明，他与丝路文化有着比同时代一般诗人更为密切的关系。通过上面的简要介绍，这些应该是显而易见的。

第一，从纵向时间的维度来看，李白诗歌是唐前诗歌传统和唐代诗歌创作交流融汇的结果。从空间维度上来说，李白诗歌也是丝路文明互鉴的产物，是多元文化交流的结晶。可以说，李白诗歌也是唐代汉民族文化与丝路沿线各民族文化交流互鉴，多元共进的结果。第二，天才李白的个性是不可模仿和复制的，是难以学习的。但他的成长过程却对我们多有启发，可以借鉴，如多语习得、多元文化素养、多环境亲历亲闻，都是现代人应该努力学习和效仿的。第三，李白家族虽有可能在丝绸之路的某个节点地域生活过，李白本人虽然也受异域风气的濡染熏习，但他的思想根基和灵魂深处仍由中华文化积淀而成，他的创作也展示出汉语诗歌顶峰上的无限风光。

最后，套用彼得·弗兰科潘（Peter Frankopan）《丝绸之路：一部全新的世界史》中的话，如果说丝绸之路是一部全新视角的世界史的话，那么李白诗歌就是世界文化史和世界文学史上最璀璨耀眼的篇章。现在我们正大力寻求中国文化走出去，其实，早在一千多年前李白和他的同行们早已走向了世界，并且又走了回来。这对于今天的文化发展建设是有启示意义的。

（《光明日报》记者张哲浩对本文亦有贡献）

悬泉汉简中的中西文化交流①

张德芳

西北师范大学教授、博士生导师。甘肃省历史学会常务副会长、出土文献与古代文明研究协同创新中心中国人民大学中心特聘研究员。甘肃省政府参事、甘肃简牍博物馆馆长。长期从事西北汉简的整理研究，目前主持国家社会科学基金重大项目“悬泉汉简整理与研究”。

① 国家社科基金重大项目13&ZD086“悬泉汉简整理与研究”阶段性成果。

20世纪90年代初，在甘肃河西走廊的敦煌发现了迄今为止保存最为完整、规模最大、时代最早的邮驿机构的遗址——悬泉置遗址。由于遗址中出土了35 000多枚汉简和数以万计的其他文物，被分别评为“八五”期间和当年的十大考古发现之一。由于遗址的位置及其展现的历史功能，曾在丝绸之路的交通要道上发挥过重要作用；也由于出土物的丰富尤其是35 000多枚汉简的出土，对我们重新认识丝绸之路和欧亚大陆的世界具有重要意义，2014年6月22日被联合国教科文组织评为世界文化遗产。

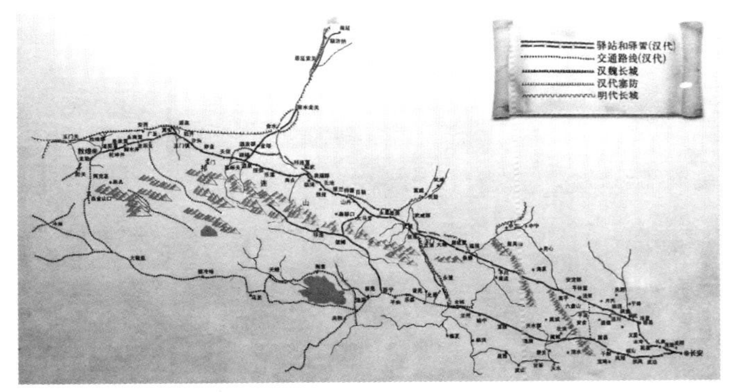

丝绸之路在甘肃境内

下面就悬泉置遗址和悬泉汉简所涉及的一些重要问题作一些介绍，供大家在当今“一带一路”的背景下研究历史上的丝绸之路作以参考。

悬泉置遗址和悬泉汉简

悬泉置遗址的位置坐落在甘肃西部瓜州县和敦煌市交界

处，在瓜敦公路南侧1 000米的山丘底下。遗址南部是三危山余脉火焰山，山涧有泉水流出，名曰悬泉水，经年不断。悬泉置即由此得名。遗址的院落、房屋、马厩等均为汉代遗存，但坞院的西南角压一烽墩，属魏晋遗存，故遗址的时代总体上属汉晋时期。根据《元和郡县图志》和敦煌卷子的记载，到了唐代，还称此地为悬泉水，并有悬泉驿、悬泉镇、悬泉乡的设置。

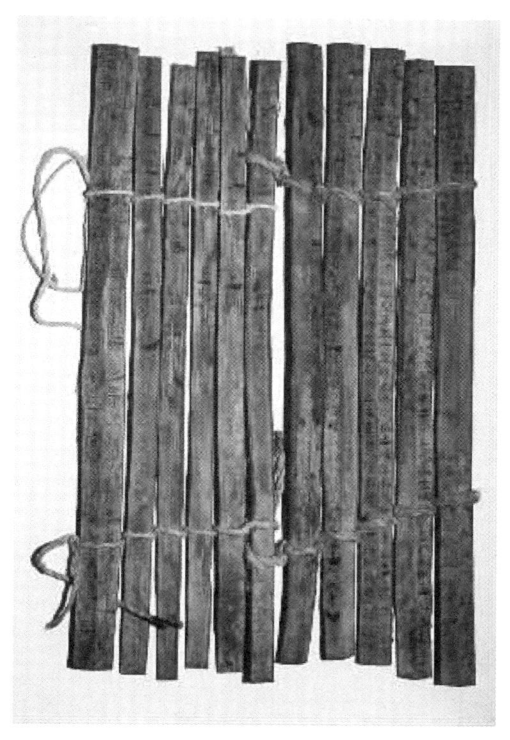

悬泉汉简

该遗址是一个50米×50米的正方形院落，总共2 500平方米，院门东开。院内有27间大小不等的房屋供人居住和办公。

院落南墙外有专门养马拴马的马厩。出土的汉简，有字者23 000余枚，现在整理编号18 000枚左右。另有竹木漆器、草编器、皮革、丝织器、毛麻织品等用品6 000余件，铁器类生产工具230余件，各类陶器陶片30 000余件。

史书中关于“厩置”“传置”“骑置”“邮置”的名称多有记载，如《史记·田儋列传》有“未至三十里，至尸乡厩置”，《汉书·文帝纪》有“太仆见马遗财足，余皆以给传置”。《汉书·西域传》有“事有便宜，因骑置以闻”。《后汉书·西域传》有“立屯田于膏腴之野，列邮置于要害之路”。如果再往前追溯，“置”的出现还可追溯到春秋战国孔、孟时代。《孟子·公孙丑上》有“孔子曰：‘德之流行，速于置邮而传命。’”孟子引述的是孔子的语言，可见，“置”的出现，最晚也在春秋时代。但“置”是一种什么样的机构？它的建置、分布、规模、格局、人员编制、车马数量、管理体制、功能作用，以及它在国家社会中的角色，在悬泉置遗址发现以前，我们几乎知道得很少。而悬泉置却给我们呈现了一个古代驿置机构的完整形象，再加上大量的汉简和出土文物，从宏观到微观，许多重大历史事件和社会生活诸方面的细节，都得以生动地揭示出来。从下到上、从地方到朝廷、从边疆到内地、从局部到整体，通过解剖麻雀，使我们对遥远的过去有了新的认知。

根据汉简的记载，悬泉置隶属于敦煌郡效谷县，全称应是“效谷县悬泉置”。人员定额有官卒徒御37人，有员马40匹，传车10～15辆。除养马外还饲养一定数量的牛，有牛车5辆。主要工作一是传递公文信件，也包括私人邮寄的信函和物品，二是接待东来西往的官员和行旅。每当朝廷用兵西部，皇帝的诏书、朝廷的紧急公文以及出征将士的军情急报，也都经过悬泉置传送。在接待任务方面，不仅朝廷官员出使西域、公主出嫁和亲，而且西域各国包括中亚、西亚、南亚次大陆有关地区和国家前来中原进贡、受封、觐见、通使，都要在此歇脚、吃饭。像这样的驿置机构在当时的敦煌郡共有 9 座，依次是渊泉置、广至置、效谷置、鱼离置、悬泉置、遮要置、龙勒置（可能还有玉门置和冥安置）。每个置相距约 30 公里，从东到西一线排开，承担了上述接待和传递任务。

总的说来，悬泉置地处交通要道，它所承担的任务又是传递文件和接送使者，所以悬泉汉简的记载几乎都与中西交通密切相关。不光悬泉汉简如此，敦煌、居延等地出土的河西汉简和新疆出土的所有汉简，无不如此，都是我们研究丝绸之路和中西文化交流的第一手资料。

悬泉汉简中的西域及汉朝与西域的关系

历史上狭义的西域主要指阳关以西到葱岭以东，昆仑山以北到巴尔喀什湖以南，大约有 200 多万平方公里的土地。在这里，旧石器时代和新石器时代的遗存已有多处发现。青铜时代和铁器时代的遗址遗物更是广泛分布。从公元前 2000 年到公元前 200 年这段时间里，东西方人种、文化、语言在这里交融、碰撞，为匈奴和汉朝的势力进入此地提供了广阔的社会背景。

关于汉与西域诸国的关系，史书上对一些大的事件、人物都有总括性的记载，但大多缺乏具体细节的描述，而汉简的记载却从细处弥补了这方面的不足。比如关于日逐王降汉，史书记载得比较笼统，但汉简的记载就有许多过去所不了解的细节。当时由大司马车骑将军韩增和御史大夫丙吉发布文件，派人专程到敦煌、酒泉迎接日逐王。就连日逐王路过敦煌时，敦煌地方当局派出多少人送迎，吃过几顿饭，甚至从敦煌到冥安的路上累死一匹马的事，也有记载。日逐王降汉，是汉朝经营西域的重大历史事件。其后的连锁反应就是西域都护的设置，“僮仆都尉由此罢，匈奴益弱，不得近西域”（《汉书·西域传》）。从而结束了匈奴对西域一百多年的统治，改变了西域的历史走向，成为影响中国和世界的标志性事件。从这个角度看，汉简作为原始记载的第一手资料提供的佐证就显得极其重要。

西域五十五国中，有四十八国属都护管辖，其中南道十七国，中道十五国，北道十六国。另有七国，在今中亚、西亚和南亚地区，“不属都护”。

先说南道诸国。《汉书》说“自玉门、阳关出西域有两道。从鄯善傍南山北，波河西行至莎车，为南道。南道西逾葱岭则出大月氏、安息”。说的是昆仑山以北，塔里木盆地南缘。在这条通道上，悬泉汉简对其中的十国有程度不同的记载，它们是：楼兰（鄯善）、且末、小宛、精绝、扜弥、渠勒、于阗、皮山、莎车、蒲犁。比如：“楼兰王以下二百六十人当东，传车马皆当柱敦。”说的就是元凤四年楼兰尚未改名为鄯善之前，楼兰王等二百多人前来中原时路过敦煌悬泉的情况。再比如：“……斗六升。二月甲午，以食质子一人，鄯善使者二人，且末使者二人，莎车使者二人，扜阗（于阗）使者二人，皮山使者一人，踈勒（疏勒）使者二人，渠勒使者一人，精绝使者一人，使一人，拘弥使者一人。乙未，食渠勒副使二人；扜阗（于阗）副使二人，贵人三人；拘弥副使一人，贵人一人；莎车副使一人，贵人一人；皮山副使一人，贵人一人；精绝副使一人。乙未以食踈勒（疏勒）副使者一人，贵（人）三人。凡廿四人。”这是“甲午”“乙未”连续两天之内，有上述十个国家的使者、副使、质子、贵人三十四人前来中原的记载。其中的楼兰、精绝、于阗等国可谓镶嵌在西域南道的明珠，在中西文化的交流、宗教的传播等方面发挥过重要作用。20 世纪初，斯文赫定和斯坦因先后多次到楼兰、尼雅、丹丹乌里克、安德悦及和田等地考察发掘，获得大量汉晋以后的各类文物。20 世纪 80 年代到 90 年代，新疆有关部门单独或者采取国际合作的方式，在对上述地区进行的多次发掘中，也都取得了丰硕成果。汉简是汉朝势力进入西域的早期记载，同后来发现的各个时代的历史文物，共同见证了丝绸之路的盛衰兴废，是最早、最原始、最具体的档案记录。

再说中道。就是天山南麓、塔里木盆地北缘。这条通道《汉书》中将其称之为北道。因为西汉时，天山以北的草原之路尚未通达，即使汉使前往乌孙，也需走天山以南，到疏勒（今喀什）后北转翻越天山到伊塞克湖附近的赤谷城。这块地段从东到西有山国、危须、焉耆、尉犁、渠犁、乌垒、轮台、龟兹、姑墨、温宿、尉头、疏勒、捐毒、休循、大宛十五国。汉简对其中的十二个国家有记载。如汉简有“甘露四年十二月，遣令长罗侯……守候张谭送尉犁王、王夫人使诣三月甲辰东”。这是公元前 49 年 1 月的某天，时在西域的长罗侯常惠派人护送尉犁王及王夫人到京朝贡时留下的残缺记录。再如“永光元年二月癸亥，敦煌大守守属汉刚送客，移过所县置，自来焉耆、危须、鄯善王副使……匹、牛车七两，即日发敦煌，檄到，豫自办给，法所当得。都尉以下逢迎客县界……”这是公元前 43 年 4 月 3 日，敦煌太守派员迎接上述三国使者的过所，有马若干匹，牛车七辆，从敦煌出发，东往长安。文件还强调，沿途所需自行采买，都尉以下要在县界迎接。

关于西域北道。主要指天山以北的乌孙和天山东部的一些小国，总共十六个。乌孙为最大国，有户 12 万，有口 63 万，游牧于天山以北、巴尔喀什湖以南、乌鲁木齐、玛纳斯以西，地盘最为辽阔。其余十五国都在今天的哈密、吐鲁番到乌鲁木齐一带。汉简中关于乌孙的材料极为重要。乌孙最早出现在中国的史书是公元前 2 世纪，到公元 5 世纪，他们已消失在茫茫人海中了。但是在两汉时期尤其在西汉的两个世纪里，他们发挥过重要的历史作用。在匈奴、乌孙、汉朝的三角关系中，他们的态度和向背举足轻重。如《悬泉置元康五年正月过长罗侯费用簿》有简 18 枚，是一份公元前 61 年长罗侯常惠的部属路过悬泉置消费酒、肉、鱼、米、豉、酱的记录。吏卒的身份有长吏、军候丞、司马、斥候、弛刑士等。路过的人数分别为 12 人、72 人、75 人、300 人不等，这是汉朝派长罗侯常惠出使乌孙的生动记载。诸如此类，都是我们研究汉乌关系、汉匈关系以及匈奴与乌孙关系的珍贵资料。

总之，悬泉汉简保留了大量西域都护府设立后直到西汉末年西域三十多个国家前来京师路过悬泉置停留的珍贵记录。汉朝设置西域都护府总领西域，而对西域各国不采取内地的郡县制而续其旧俗；在重要的战略地区驻兵屯田，以保障不受匈奴侵犯并负责地方治安；对大国如乌孙和龟兹辅之以和亲，结昆弟之好；注重汉文化与西域文化的交流等等，对西域广大地区进行了有效管理。从汉简材料还可看出，西域各国通过频繁地来汉活动，依附感归属感和向心力不断增强，他们需要汉王朝的强力保护。史书的记载和出土汉简的佐证充分说明，西域都护府建立以后，汉与西域已完全形成一个统一整体。

悬泉汉简记载的汉王朝与中亚的关系：大宛和康居

中国最早的官方外交就是张骞出使，就是同中亚打交道。上面所讲汉与乌孙的关系已经涉及中亚，下面所讲大宛和康居，主要就是汉王朝与当时中亚地区的关系。

大宛，地处费尔干纳盆地，东南北三面矗立着天山山脉、吉萨尔-阿赖山脉，中间一块盆地东西长 300 多公里，南北宽 70 多公里。总面积在 7 800 多平方公里。乌兹别克斯坦、塔吉克斯坦、吉尔吉斯斯坦三国边界犬牙交错，但盆地内的大部分土地属于乌兹别克斯坦。两千多年前张骞首到此地时，以农耕定居的居民已经有了好几百年的历史。

张骞于公元前 138 年出使西域，第一站就到了大宛。当时的大宛对来自远方的使者相当热情，供吃供喝，还派向导车骑，把张骞送到康居。后来由于汉武帝派使者求取汗血马不果，导致了公元前 104 年至前 101 年贰师将军李广利远征大宛的行动。最后订城下之盟，获善马数十匹而还。史书云："自贰师将军伐大宛之后，西域震惧，多遣使来贡献，汉使西域者益得职。"汉与大宛的关系在此后的一个世纪里，也基本保持了正常的往来。《汉书·西域传》把大宛列入西域都护的管辖范围，明言“康居、大月氏、安息、罽宾、乌弋之属，皆以绝远不在数中”。说明大宛同汉朝的关系不同于上述几个国家。悬泉汉简中有关大宛的记载，也提供了史书上不曾见到的材料。如：“大宛贵人食七十一·凡三百一十八人。”三百一十八人中可能有其他国家的人，也可能是按人次累计，但就七十一人的使团，也是够庞大的。还有，“大宛贵人乌莫塞献橐他一匹，黄、乘、须两耳、絜一丈。死县泉置。”这是贡献的骆驼死到悬泉置的记载。其实，这种贡献只具有象征意义，主要体现政治上的羁縻关系。

大宛往西就是康居，它是丝绸之路上又一中亚大国。其地理范围包括哈萨克斯坦和乌兹别克斯坦大部地区。按照史书的记载，康居“与大月氏同俗”。而“大月氏本行国也，随畜移徙，与匈奴同俗”。一句话，匈奴、康居、大月氏，都是游牧部落，同大宛那样城郭定居的农耕部落有着不同的文化。康居作为游牧部落，主要的游牧地区当在锡尔河北岸，即哈萨克斯坦南部草原。但是康居有五小王，分布地区都在今乌兹别克斯坦的农耕地区。

康居与汉朝的关系有一个发展的过程。张骞初次来此，曾得到康居的友好接待。“康居传致大月氏”。同样是派车派人把张骞送到大月氏。其后太初年间（公元前104年至公元前101年）李广利伐大宛，康居怕唇亡而齿寒，曾为大宛后援。北匈奴郅支单于西逃塔拉斯河（今江布尔州），康居与之结盟，互为翁婿。建昭三年（公元前36年）陈汤伐郅支，康居又暗地里支持郅支。古往今来的国际外交从来都是以自身的利益为转移，康居在当时错综复杂的周边环境下，不同时期采取不同的态度，都属于外交史上正常的动态反应。悬泉汉简关于康居的记载，大多属于往来通好路过时留下的记录，主要反映两国间的正常来往。比如“甘露二年正月庚戌，敦煌大守千秋、库令贺兼行丞事，敢告酒泉大守府卒人：安远侯遣比胥楗罢军候丞赵千秋上书，送康居王使者二人、贵人十人、从者六十四人。献马二匹、橐他十匹。私马九匹、驴卅一匹、橐他廿五匹、牛一。戊申入玉门关，已阅（名）籍、畜财、财物”。这是敦煌太守府发往酒泉太守府的平行文书，时在公元前 52 年 3 月 8 日。此次康居王所派使团从使者、贵人到从者，一共 76 人，随行大牲畜 78 头。这在当时中西交通的大道上不能不算是一支浩浩荡荡的队伍。要接待这样一支庞大的使团，沿途如敦煌、酒泉等地的地方官员必须认真办理，否则要受到朝廷的追责。康居使团所带 78 头大牲畜中，有贡献的马匹和骆驼若干，有私马、驴、驼、牛若干，前者是给朝廷的贡物，后者可能是使团人员自己的乘驾。至于牛，或可为沿途遇到困难时，以供宰杀食用。

古代中国与中亚的外交关系自张骞揭开序幕后，大量的汉简材料为其增添了许多鲜活的细节，具体而生动。“一带一路”的战略，最早的源头可以追溯到 2 000 多年以前。

悬泉汉简记载的汉王朝与西亚及南亚的关系：大月氏、乌弋山离和罽宾

大月氏最早是河西走廊的一个游牧部落。“随畜移徙，与

匈奴同俗。控弦十余万，故强轻匈奴。本居敦煌、祁连间”（《汉书·西域传》）。但根据近年的考古调查，可能从天山以东到河西走廊都曾是大月氏的活动范围。汉朝初年，由于匈奴崛起，迫使大月氏不断西迁，最终定居在阿富汗北部。张骞到来时，大月氏已臣服大夏，都蓝氏城（史书也作监氏城），在今阿富汗北部的巴尔赫。已从游牧生活逐步转为农耕定居。但大夏有五翕侯，大致都分布在今天的瓦罕峡谷，仍属游牧部落。到公元以后的半个世纪里，五翕侯当中的贵霜翕侯逐步强大，统一大夏，建立了贵霜帝国。在以后的几个世纪里，贵霜帝国、波斯帝国、罗马帝国同东方的中国成为欧亚大陆的四大帝国，对世界历史的发展产生过重大影响。

从大月氏臣服大夏到贵霜帝国建立之前一个多世纪，由于材料的缺乏，我们还处在一种无法认知的茫然状态，因之学术界称之为“黑暗时代”（《中亚文明史》第二册第137页）。悬泉汉简关于大月氏的记载，正是公元前半个世纪的材料，可以使这段黑暗的时代看到不少光明。如“甘露二年三月丙午，使主客郎中臣超承制诏侍御史曰：顷都内令霸、副侯忠，使送大月氏诸国客，与厈侯张寿、侯尊俱。为驾二封轺传，二人共载。御属臣弘行御史大夫事，下扶风廄，承书以次为驾，当舍传舍，如律令。”这是公元前52年5月3日，御史大夫府开具的一封传信。要求从扶风厩以西的沿途驿站都要为前送大月氏诸国客的使者提供食宿和车辆。简中所谓“大月氏诸国客”者，说明除大月氏使者外，还有其他西域国家的客人。从史书记载看，宣帝甘露年间（公元前53年—公元前50年），汉与乌孙的关系可谓浓墨重彩，而汉与大月氏关系却只能在汉简中才能看到。

还有，“使大月氏副右将军史柏、圣忠将大月氏双靡翖侯使者万若，山副使苏赖，皆奉献言事诣行在所，以令为驾一乘传。永光元年四月丁酉朔壬寅，敦煌大守千秋、长史章、仓长光兼行丞事，谓敦煌：以次为驾，当传舍，如律令。四月丙午过，东”。这是敦煌太守出具的传信，时在公元前 43 年 5 月 12 日。四天以后，即 5 月 16 日路过悬泉置。大意是朝廷派出使者出使大月氏东返时与大月氏双靡翖侯的使者万若和山国使者苏赖一同路过敦煌悬泉置。他们要“奉献言事诣行在所”，即要面见天子，有事情上奏。大月氏有五翖侯，此简有双靡翖侯派使者来汉，同康居王以下苏薤王派使者来汉的情况相似，他们事实上是康居王、大月氏领属下并有独立外交的地方君长。大致在西汉后期。史书中关于佛教的东传有一条最早的记载：“汉哀帝元寿元年，博士弟子景卢受大月氏王使伊存口受《浮屠经》。”（《三国志》引《西戎传》）不管这条材料的真实性如何，大月氏在贵霜帝国建立前已经笃信佛教，西汉末年的大月氏仍与汉王朝保持着密切的来往，这是可以肯定的事实。贵霜帝国在中西文化的交流尤其在佛教的传播方面做出过重大贡献，后世前来中土的传法高僧如支楼迦谶、支谦、支昙钥、释昙迁等都是月支人。敦煌高僧竺法护，其先也是月支人。或许，他们的历史都可追溯到汉简的时代。

乌弋山离，其地在安息的东部，以阿富汗南部的坎大哈和锡斯坦为中心，西到兴都库什山，东到克尔曼沙漠，是往昔安息东部的德兰努亚那和阿拉科细亚两个行省的地盘，早先是安息王朝的统治地区。大约在公元前 128 年，大批塞人南下引起十数年的动乱，安息王派贵族苏林率军镇压。结果苏林镇压塞人后，自己建起了独裁政权，从此有了乌弋山离。《汉书》中有专条记载，悬泉汉简也有乌弋山离来汉的记录。汉简的记载用原始档案把汉朝和乌弋山离连在了一起。

罽宾是大月氏西迁中亚后迫使塞人南迁建立的国家，所谓“昔匈奴破大月氏，大月氏西君大夏，而塞王南君罽宾”。王治循鲜城，在今天巴基斯坦西北部的塔克西拉（怛叉始罗）。此地虽四面环山，但山间盆地的自然环境良好，是今天巴基斯坦的工业基地。两千多年前，由西域通往罽宾的道路极其艰险。史书记载其道路绝远，“又历大头痛、小头痛之山，赤土、身热之阪，令人身热无色，头痛呕吐，驴畜尽然。”显然是高原反应十分强烈；“又有三池、盘石阪，道狭者尺六七寸，长者径三十里。行者骑步相持，绳索相引，二千余里乃到悬度。”不光道路崎岖，还要经过悬度，就是在悬崖深涧，要利用绳索才能悬空而度，十分危险。“畜坠，未半阬谷尽靡碎；人堕，势不得相收视。险阻危害，不可胜言”。根据史书的记载，汉武帝时期已通罽宾，但罽宾王自以为道路绝远“兵不至也”。先有乌头劳剽杀汉使，后有阴末赴杀汉副使以下七十余人，所以汉与罽宾的关系时断时续。英国考古学家约翰·马歇尔（John Marshall）（1876 年—1958 年）曾在 20 世纪前 50 年里，在印度和巴基斯坦进行了长达半个世纪的考古发掘，出版了《塔克西拉》三卷本巨著。发现了距今 2 500 年波斯统治时期到佛教兴起后的大量遗迹遗物，证明此处曾是早期的佛教圣地。悬泉汉简中有关罽宾的记载如：“出钱百六十，沽酒一石六斗。以食守属董并、叶贺所送沙车使者一人、罽宾使者二人、祭越使者一人，凡四人，人四食，食一斗。”汉简与史书记载，前后印证了中原与南亚次大陆的久远关系。

（《光明日报》记者宋喜群对本文亦有贡献）

“发现” 郑和

肖　宪

云南大学教授、博士生导师，云南省人民政府参事、云南郑和研究会副会长。著有《当代中国-中东关系》《当代中东国际关系》《当代伊斯兰复兴运动》《以色列史话》等著作15部。

1405 年到 1433 年，郑和率大明船队七次远航，从中国东南海港起航，经过南中国海，穿越马六甲海峡，进入浩瀚的印度洋，所历“大小凡三十余国，涉沧溟十万余里”。郑和船队两万多人，大小船只一二百艘，“云帆高张，昼夜星驰，涉彼狂澜，若履通衢”，是一幅何等壮观的景象。

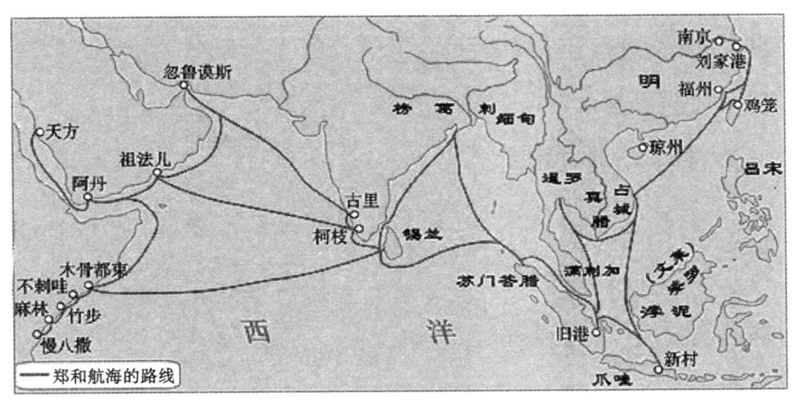

图片由作者本人提供

今天，全世界都知道中国明代的大航海家郑和，然而许多人却不知道，郑和曾是一位被历史埋没的人物，直到最近 100 年才被重新“发现”。

历史 “遗忘” 郑和

郑和下西洋是奉永乐皇帝（明成祖）之命而为。明成祖为何要兴师动众，派郑和多次下洋出海？据研究，主要有这样几个目的：一是从政治、军事、经济上加强中国与海外各国的关系。成祖即位之初，便派郑和船队出洋，宣诏赏赐，并“耀兵异域，示中国富强”，就是希望内安诸夏，外抚四夷，强化大明王朝的地位；二是以官方贸易取代民间贸易，采集海外奇货珍宝，这类舶来品既可充溢国库，也可供宫廷赏玩；三是寻找建文帝。明成祖的皇位是从其侄子建文皇帝那里夺来的，建文帝去向不明，始终是成祖的一块心病。所以郑和下西洋的一项“秘密使命”，就是查访建文帝的下落。

郑和不辱使命，非常圆满地完成了永乐皇帝交办的任务。他几次下西洋后，中国在海外的影响迅速上升，很快就出现了“万国来朝”的空前盛况，“幅员之广，远迈汉唐；成功骏烈，卓乎盛矣”。同时，郑和船队既把中国的商品、技术和文化带到海外，也带回许多域外的奇珍异物，客观上推动了中外文化的交流。至于寻找建文帝，既然在海外没有发现其踪迹，明成祖也就可放下心来，安坐天下了。

在当时的条件下，率领这样一支庞大的舰队万里远航，其危险性和困难程度都远远超出我们今天的想象。船队不可能得到国内的任何帮助，全靠主帅指挥，一切都要随机应变、当机立断。正是郑和的才干、勇气、智慧和经验，才使远航取得了成功，使中国成了当时世界上最强大的海洋国家。所以，我们今天称郑和为“伟大的航海家、外交家、军事家”，一点都不过分。

1424 年明成祖去世后，原本就反对遣使出洋的大臣们便群起发动舆论攻势，把下西洋说得一无是处。成祖之子朱高炽（明仁宗）继位之后，下的第一道圣旨就是“下西洋诸番国宝船，悉皆停止……各处修造往诸番海船，悉皆停止”，让郑和与下洋官兵守备南京（1421 年明朝已迁都北京）。1430 年，成祖之孙明宣宗朱瞻基以外番久不来朝贡为由，再次派三朝元老郑和出使，但这已是“下西洋”的强弩之末了。

1433 年 4 月，62 岁的郑和远航途中在印度的古里（今卡利卡特）病逝。海上气候炎热，加上航程万里，不可能将遗体带回中国。部下便将郑和埋葬在当地，只把他的头发、靴帽带回中国，宣宗赐葬于南京牛首山南麓。今天，郑和的衣冠冢仍在那里。而那支曾经随郑和远航万里的船队驶回江苏太仓刘家港之后，就永远地停泊在了那里，再也没有出海，船只慢慢地在港湾里腐朽、霉烂，最后被淤泥覆盖、淹没……

郑和七下西洋，无论对中国还是对世界，也无论在当时还是于后世，都是重大的历史事件，史书中本应有较多记载，也应存有很多档案史料。然而，《明实录》《明史》等正史中有关记载却很少，评价也不高，被保留下来的原始材料更是凤毛麟角。中国历代素有修史的传统，记录、保存和整理历史事件都是各朝的一件大事。而有关郑和下西洋的文献史料却如此稀少，显然是不正常的，也是令人遗憾的。

郑和在历史中被“隐去”，其实是一些人有意为之。

明万历进士严从简写的《殊域周咨录》中记载了这样一件事：郑和去世 30 多年后的成化年间，有人向皇帝（明宪宗）说起当年郑和下西洋的事，于是皇帝下诏向兵部索要郑和航海的有关资料。兵部车驾郎中刘大夏事先将这些资料藏了起来，兵部尚书项忠命手下入库查找了三天也没找到。项忠很生气，说库房中的档案怎么会找不到呢？站在一旁的刘大夏便说：“当年三保太监下西洋，花费了数十万银钱，死了上万军民。虽然弄了一些奇货异宝回来，对国家有什么好处呢？这样的‘弊政'，我们做大臣的一定要直言劝阻。即使那些档案还在，也要把它们毁掉，以免再生祸根。何必还追究它们在哪里呢！"一番话说得项忠如梦初醒，连连称是。看来，郑和下西洋确实留下了不少档案资料，只不过是被刘大夏等人销毁了。

刘大夏等人认为下西洋是"弊政"，也不是没有道理。郑和率庞大的船队出海远航是一项不计成本的"皇帝工程"，永乐皇帝看重的是其政治、外交意义，而非经济收益。经济上，郑和船队每到一处，开读赏赐、厚往薄来，确实都是赔本买卖。而要支持远航，国内要动用大量人力、物力和财力，造船、备货、组队、迎送、赏赐，无不需要巨额的财政支出。而雄才大略的永乐皇帝除了派郑和下西洋外，数年间还做了许多大事：讨伐安南、亲征蒙古、疏浚运河、迁都北京，所有这些活动，都要倾全国之力和浩繁的开支。为了补充日益空虚的国库，朝廷只能加重税赋徭役，结果是民间不堪重负，怨声载道。而历时最长、影响最大的远航西洋，自然成了众矢之的。反对者们不敢批评皇帝，便将这些账都算在郑和头上。戴上了"铺张靡费""劳民伤财""弊政"等罪名，官方史书中自然对郑和的记载少之甚少，评价低之又低了。

郑和的宦官身份，也是使他倍受贬低和诋毁的原因之一。明朝历史的一个特点就是内廷宦官与外廷大臣之间的激烈斗争。文官集团权力很大，皇帝往往身不由己，只得倚靠宦官集团来与之抗衡，所以宦官总是文官大臣的死对头。只要有机会，文官集团总是要打击、贬低宦官集团，并称之为"阉党"。正史中对宦官的评价都很低，郑和自然也不例外。

明朝从建政伊始一直实行"海禁"政策，民间私自造船、出海者一律要被处死。成祖派郑和远航西洋，是整个明代绝无仅有的一次官方活动。郑和下西洋之后，海禁更严，中国成了一个“远离”海洋的国家。对于一个不需要海洋的国家来说，一个善于航海的人是没有地位的，也是没有价值的。早在15世纪初就已远航印度洋的中国“自废武功”，放弃海洋。

就这样，作为明初盛事的郑和下西洋，只在几代人之后就被“遗忘”了。即使偶然有人提起，也不过是作为前朝“恢诡谲怪”的奇闻旧事，流传于街头坊间而已。郑和死后100多年的万历年间，一位叫罗懋登的落第文人根据民间流传的资料和故事，加上自己的想象，写了一部《三宝太监西洋记通俗演义》。与同时代吴承恩写的《西游记》将唐僧取经故事神魔化一样，《西洋记》也将郑和下西洋的故事神魔化了。

五百年后的“寻找”

在清朝雍正、乾隆时期编修完成的《明史》中虽然有一篇郑和的传记，但却十分简略，总共只有700多字。在该传记中，郑和的形象模糊不清，对其评价也不高。关于他的身世，只写了“郑和，云南人，世所谓三保太监者也。初事燕王于籓邸，从起兵有功，累擢太监”，最后说他“经事三朝，先后七奉使”之后“亦老且死”，既看不出他生于何时何地，也不知道他死于何时何地。关于下西洋的目的，传记也只说“成祖疑惠帝亡海外，欲踪迹之，且欲耀兵异域，示中国富强”。

郑和航海史料在明朝就被毁，在清朝写成的《明史》，只能根据稗官野史或诸如《西洋记》这样的街谈巷语。《明史·郑和传》和《西洋记》中都说郑和下西洋修造了 62 艘长 44 丈、宽 18 丈（130×52 米）的大船。一些学者认为这是不可能的，一是这样的长宽比例从造船学的角度看是不合理的，是一个巨大的“长方盒子”，二是即使利用现代技术，也造不出这种比一个足球场还要大而且可用于实际航海的大木船。《明史·郑和传》最后说“故俗传三保太监下西洋，为明初盛事云”，也说明该传记主要是根据民间资料完成的。虽然“正史”记载语焉不详，所幸的是，当年郑和的随行人员还留下了几份宝贵的个人游记：马欢的《瀛涯胜览》、费信的《星槎胜览》和巩珍的《西洋番国志》。然而，这几部著作更多的是记录船队所到地方及发生事件，对人们认识郑和其人并无太大帮助。

在长达 500 年的时间里，郑和一直被埋没在历史尘埃中。直到 500 年之后，中国才开始重新认识郑和航海的价值和意义，也才开始了对郑和的“寻找”。

近代著名政治活动家、启蒙思想家，同时也是历史学家的梁启超，于 1905 年在《新民丛报》发表了一篇题为《祖国大航海家郑和传》的文章。梁启超用中西比较的方法，认为郑和下西洋比西方的哥伦布、达伽马航海早了六七十年，“全世界历史上所号称航海伟人，能与并肩者，何其寡也”。梁启超的主要依据也是《明史》和《瀛涯胜览》《星槎胜览》。梁启超继承了中国治史传统，对郑和船队所到各国地名进行了逐一考证，并以西文对照，有史有论，激情四溢。当时梁启超眼看中国被列强瓜分，国弱民穷，希望以“海上之巨人”郑和事迹唤起民众的爱国热情，振奋民族精神。在梁启超的诸多著述中，《祖国大航海家郑和传》并不算是一篇很重要的文章，但却是首次用科学方法研究并从正面弘扬郑和的文章，从而开启了中国人“寻找”和“发现”郑和的百年航程。因此，梁启超是近代中国研究和宣传郑和的第一人。

梁启超的文章发表后，许多人开始知道中国历史上曾经有过这样一位了不起的人物。辛亥革命之后，郑和出现在了高等小学历史课本中，与班超、岳飞、郑成功、林则徐等被并列为民族英雄。同时，梁启超的文章也激起了一些人研究和“寻找”郑和的兴趣，希望发现更多有关这位曾被埋没了500年的历史伟人的遗存和事迹。

郑和的出生地和家世是人们“寻找”的一个重点。

《明史·郑和传》中只说郑和是云南人，但究竟是云南何地却无处可查。受梁启超文章的影响，云南腾冲人、辛亥革命元老李根源1910年前后开始在云南各地寻访，希望能找到郑和家乡。经过一番调查和考证后，李根源认为，郑和是云南镇南州（现南华县）人，并于次年在当地立了一块“郑和故里碑”。这块碑现仍在南华县城西门外，但后来证明南华并非郑和故里。

而几乎就在同一时期，云南石屏人、清末状元袁嘉谷听说光绪年间在昆阳州（现晋宁县）和代村发现了一块与郑和有关的墓碑，遂于1912年亲往踏勘查访。在昆阳月山西坡，果然见到这块题额为《故马公墓志铭》的石碑。碑文为明永乐三年（1405年）礼部尚书兼左春坊大学士李至刚所撰，内容是为墓主马哈只写的墓志铭。除了记叙墓主的生平德行外，碑文中明确写到马哈只有两个儿子，长子叫马文铭，次子就是郑和，“和自幼有材志，事今天子，赐姓郑，为内官监太监”。石碑背面还刻有郑和回乡祭祖扫墓的记载："马氏第二子太监郑和，奉命于永乐九年十一月二十二日到于祖冢坟茔祭扫追荐。"袁嘉谷经过研究考证，1913年撰写了《昆阳马哈只碑跋》，确定昆阳和代村就是郑和的出生地。

从这块石碑可看出，郑和少小离家，一直怀念着故乡。永乐三年第一次下西洋之前，他特请礼部尚书、大学士李至刚为已故的父亲写了墓志铭，托人带回家乡刻立。他本人却因一再奉命出使，无暇回乡扫墓祭祖。直到第三次下西洋回国后，郑和才于永乐九年十一月回到魂牵梦绕的故乡，到"祖冢坟茔祭扫追荐"。这应该是郑和离家后的首次返乡，也可能是唯一的一次，故他对这次祭祖之行极为珍视，特意在《墓志铭》碑阴刻下那段文字，明确宣布太监郑和是"马氏第二子"。

这块"马哈只碑"除了证明郑和的籍贯外，还为后人提供了一些重要信息：一是郑和原名马和，出身于一个穆斯林家庭，因碑文称郑和的父亲和祖父为"哈只"，只有到过伊斯兰教圣地麦加朝觐的穆斯林才拥有"哈只"的称号；二是郑和的家庭非富即贵，不是一般的普通人家，因为云南与麦加相距遥远，千山万水阻隔，往返约需一年时间，一般平民百姓是不大可能前往的；三是郑和父亲在洪武十五年39岁壮年时即去世，而这一年正是明军平定云南，消灭元朝残余势力的年份，两者之间肯定有密切关系。

基于这些重要信息，学者们便做出了这样的分析和判断：郑（马）和出生于云南昆阳州和代村的一个元朝官宦世家。洪武十五年（1382年）明军征云南，马和之父在抵抗明军的战斗中阵亡（或自杀）。11岁的马和被明军掳获，阉割为太监后送入燕王府，成为燕王朱棣的随从，后因功劳卓著，深得燕王信赖，被赐姓“郑”。燕王称帝后，擢拔郑和为内官监太监，并委之以出使西洋的重任。也正是因为有这样的家世，郑和在墓碑铭文中才有意隐去了其父亲和祖父的真实姓名，而用称号“哈只”代之；只写了其父的生卒年代和岁数，而不提死因。因为郑和当时深得永乐皇帝信任，如果暴露了元朝旧臣的家世背景，将会影响自己的地位和前程。

袁嘉谷在昆阳查访马哈只碑时，还听说郑和后人家中有其他资料。果然，在离昆阳不远的云南玉溪县，辛亥革命元老李鸿祥将军 1936 年在主持编修县志时意外发现了郑和家谱——《郑氏世系家谱》，让人将家谱抄本送给当时在云南大学任教授的袁嘉谷。袁嘉谷将抄本交给他的学生李士厚考证研究。李鸿祥和李士厚还到玉溪东营访问了郑和后裔郑绍明、郑绍文兄弟，借到了家谱原件。经袁嘉谷、李士厚鉴定，该家谱用宣纸书写表褙而成，印有朱丝栏，纸色陈旧，认定是明代之物。经过认真考订，李士厚写成《郑和家谱考释》一书，于 1937 年 2 月公开出版，袁嘉谷为该书作了序和跋。

据家谱记载，郑和是太监，自己没有子女，过继了兄长马文铭的一个儿子，取名郑赐。郑赐的后代有两支，一支在江苏南京，一支在云南玉溪。这部家谱除了记载郑和家世和后裔情况外，还记载了郑和出使时的船只、人数、所到国家以及永乐、宣德两位皇帝给郑和的敕书等。毫无疑问，郑和家谱是继马哈只墓碑之后关于郑和家世的又一重要发现。

书纸易毁，碑石难销

在梁启超文章激起的“郑和热潮”中，一批学者开启了“寻找”郑和的百年之旅。早期人们研究郑和，多凭文献资料，而缺乏文物佐证。用纸记载的文字，在传抄中可能出现错误，也可能被篡改，甚至遭恶意销毁。而镌刻在石头上的文字，却可以相对长久地保存。云南昆阳马哈只碑的发现给了学者们一个启示，那就是通过寻找碑刻、实物，再与文献相印证，来“还原”郑和。

1926年秋，中外交通史学家、厦门大学教授张星烺到福建泉州考察，在东郊灵山伊斯兰圣墓发现了一块石碑，上书“钦差总兵太监郑和前往西洋忽鲁谟厮等国公干永乐十五年五月十六日于此行香望灵圣庇佑镇抚蒲和日记立”46字。这块“郑和行香碑”表明：第一，郑和第五次下西洋前，曾来泉州拜谒灵山圣墓；第二，郑和出身穆斯林家庭，第五次出洋的主要目的地是伊斯兰国家，因此前来伊斯兰圣墓行香，以乞求灵圣护佑；第三，立碑者蒲和日是宋代泉州阿拉伯裔商人蒲寿庚后代，时为泉州镇抚，陪同郑和行香后刻此碑纪念。

江苏太仓刘家港是郑和船队的大本营，郑和多次到当地的天妃宫（即妈祖庙）祭祀祈福，修葺祠庙。宣德六年，郑和等人在第七次出洋前夕，在天妃宫大殿墙壁上镌嵌了一块《通番事迹记碑》。但随着时间流逝，这块石碑后来不见了踪迹，也无人知道碑文内容是什么。1935年夏，在“国立编译馆”工作的郑鹤声查阅四库全书时，发现明代钱谷编著的《吴都文粹续集》中载有《通番事迹记碑》碑文，遂将其公之于世。碑文共 826 字，记述了七下西洋的情况，各次往返的年代，所至各地的名称，以及前六次下西洋中的重大事件。郑鹤声在对《通番事迹记碑》考订时，发现除了第一次、第七次下西洋时间外，其余各次均与《明史》记载不同。由于此碑为郑和亲自刊记，可信度更高，从而纠正了《明史》等文献记载的混乱之处。但遗憾的是，这块很有价值的《通番事迹记碑》只有碑文，未见真碑。

位于闽江口的福建长乐太平港是郑和船队每次出洋前驻泊候风之地，这里也有一个天妃宫。1930 年，一位农民在长乐南山天妃宫遗址挖土时发现了一块郑和等人立的《天妃灵应之记碑》石碑，县长吴鼎芬将其运回县署保存。但吴鼎芬离任后，此碑又被乱草掩盖。1936 年春，新任县长王伯秋在县署档案中看到记载，派人到处寻找，在荒草丛中找到该碑。王伯秋是文化人，知道该碑的史料价值，对碑文进行摹拓后，分寄给相关学者鉴定研究。后福建省立图书馆馆长萨士武就此碑撰写了考证文章，发表在《大公报·史地周刊》，很快引起了海内外学者的广泛关注。《天妃灵应之记碑》碑文共 1 177 字，是目前国内仅存的记述郑和下西洋的碑刻，现存于福建长乐郑和公园郑和史迹陈列馆。

《通番事迹记碑》和《天妃灵应之记碑》两碑都为郑和亲自撰刊，时间都是在第七次出洋前的宣德六年（1431 年），内容、语气也基本相同，堪称“姊妹双碑”。只不过《通番事迹记碑》仅存于文献，实物已不存，而《天妃灵应之记碑》虽未载于文献，却找到了实物。那么，郑和为何要一碑两刻，分别立于太仓、长乐两地呢？

学者们分析，郑和奉命第七次出使时已60岁，预感到这将是他的最后一次远航。永乐皇帝已在6年前去世，而朝中反对下西洋者大有人在，身后之事实难预料。因此，他想以立碑的方式来留下自己一生航海事业的记录，给历史也给后人一个交代。宣德五年接到出洋诏书后，郑和便于次年春在太仓天妃宫刻立了《通番事迹记碑》，在此基础上稍作修改后，又于年底在长乐天妃宫刻立了《天妃灵应之记碑》。一碑两刻，分立两地，体现了郑和的良苦用心：一旦一碑被毁，还有一碑。太仓离南京近，石碑易被发现遭损毁，长乐遥远偏僻，石碑能长期保存，而后来的事实也正是如此。两碑既立，郑和便安心踏上了西去的航程，两年后为国殉职，客死异邦。

南京静海寺残碑。图片由肖宪提供

这两块碑名义上是感恩天妃护佑，实际上是记录七下西洋史实。“是用著神之德于石，并记诸番往回之岁月，以贻永久焉”。《天妃灵应之记碑》甚至可以说就是郑和的自传，碑文通篇以“我”“余”“和”等第一人称表达，采用“自述”的语气书写。有人认为，“马哈只碑”是郑和前半生的自传，而“天妃灵应碑”则是郑和后半生的自传。如果没有“马碑”和“天碑”，后人对郑和的认识将会是一片模糊。

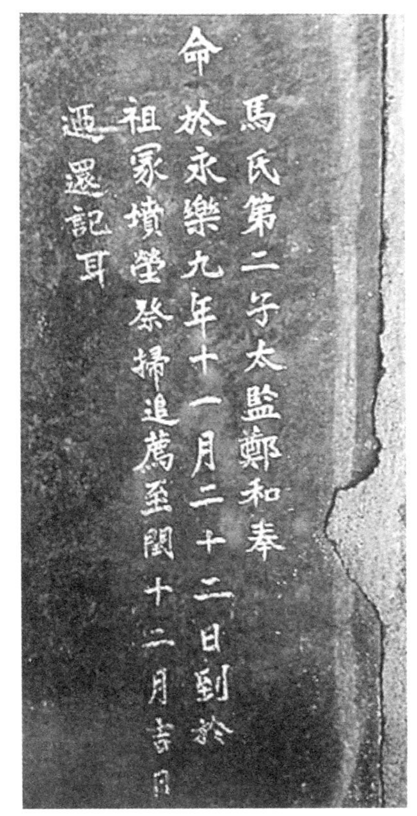

昆阳马哈只碑（背面）。图片由肖宪提供

南京静海寺，建于明朝永乐年间，郑和出洋时也要在此祭拜求平安。1936 年，郑鹤声在静海寺厨房里发现了一块镶嵌在墙壁上的残碑，内容与郑和航海有关，当时就拓印了一张，后又拍了照片。1937 年日军占领南京后一场大火将静海寺几乎烧光，待战后郑鹤声再来寻访时，残碑早已不见了踪迹。《静海寺残碑》拓片共有 149 字，提到了郑和船队第一、二、三次下西洋的情况，其中最有价值的，就是记载了郑和船队的船只为两千料海船、一千五百料海船和八橹船。“料”是中国古代用来表示船舶大小的计量单位。两千料海船长约 62 米，宽约 14 米，排水量大约为 1 200 吨。这一尺度与 1957 年在南京明代宝船厂遗址出土的长 11.7 米大型舵杆也是匹配的。因此专家们认为，史料中所说的“郑和宝船”其实就是两千料海船，而《明史》等文献中关于宝船长 44 丈、宽 18 丈（130×52 米，排水量约 20 000 吨）的说法是不可靠的。即便是两千料海船，也是“体势巍然，巨无与敌”，是当时世界上最庞大、最先进的船只。

《瀛涯胜览》《星槎胜览》中还记载了郑和曾在满剌加、渤泥、柯枝、古里等海外番国立了八块碑。几百年后，这些碑也不见了踪影。1912 年，英国工程师托马林在斯里兰卡南部港口加勒清理下水道时，意外发现了一块当年郑和留下的石碑。这块被称为“郑和布施碑”的碑文用中文、泰米尔文和波斯文三种文字书写，内容是赞颂佛祖佛法及布施给当地寺院的钱物清单。碑文开头是“大明皇帝遣太监郑和、王贵通等昭告于佛世尊曰……”，结尾为“永乐七年岁次己丑二月甲戌朔日谨施”。此碑现完好保存于科伦坡斯里兰卡国立博物馆，是郑和当年和平友好访问的见证。

2017 年年初，英国皇家海军退役潜艇指挥官加文·孟席斯(Gavin Menzies) 先生将他毕生对于郑和的研究成果，包括 81 册图书和 3 万页研究资料捐赠给云南大学，用以学术研究。加文·孟席斯先生曾遍访 120 多个国家的 900 多个图书馆、博物馆、档案馆查阅资料，并结合他自己环球航行的切身体验，运用航海学、海洋学、人类学等多学科交叉综合研究的方法，于 2002 年首次提出“七下西洋的大航海家郑和完成了环球航海，是世界上发现美洲、澳洲新大陆第一人”的结论，在世界范围内掀起了重新认识和研究中国伟大航海家郑和的高潮。

100 多年来，正是由于这些“发现”，碑刻与文献相互补充，相互印证，郑和作为一个有血有肉的历史人物，才一步步地变得鲜活起来，他七下西洋的丰功伟绩，也才一点一点地变得清晰起来。

尽管明清两朝贬低郑和，埋没郑和，使郑和没有得到民族功臣应有的礼遇，但是，在郑和船队当年到过的许多地方，郑和却从来没有被忘记。数百年来，当地人民，尤其是海外华人一直在纪念、颂扬郑和，甚至把郑和当作一位法力无边的神，加以顶礼膜拜。数百年来，各地三宝庙信众云集，香火不断。

今天，中国正在携手世界各国实施“一带一路”建设，郑和“敢为天下先”的精神，郑和在沿线国家的巨大影响，仍然是我们宝贵的财富。

“多元一统” 格局中的南诏国

王文光

1955 年生，历史学博士，二级教授；中国少数民族史专业博士生导师，中共云南省委联系专家，2006、2012 年两次被云南省授予“云南省有突出贡献的哲学社会科学专家”称号。2006 年被云南大学确定为中国西南民族史创新团队的学术带头人。研究方向为中国民族史、中国西南民族史。

先后主持“中国西南氐羌民族源流史研究”等五项国家社科基金项目、“中国西南民族关系研究”等三项教育部重大项目。

一部《天龙八部》让更多的人知道了南诏国和大理国，但小说中是文学创作，史实中的南诏国与大理国是怎样的？它与唐之间是怎样的关系？对今天有怎样的启示？

如果要对统一多民族中国发展历史与中国民族发展历史的关系进行概括的话，可以概括为“多元一统”。“多元一统”中的“多元”指中国历史上曾经有过的民族和已经消亡的民族，以及现在还存在的中国各民族，每一个民族就是一元，“一统”指“大一统”的中国，因此“多元一统”指多民族共同生存于一个大一统中国之中并且与大一统中国互为发展的前提和条件。

“多元一统”格局是从民族发展历史与国家发展历史的互动关系着眼，强调的是民族与国家的关系，经过统一多民族中国发展的历史实践，“多元一统”观念已经成为中国人崇尚国家统一的文化遗产和鲜明的政治价值取向，中国的大一统与中国国家发展的“多元一统”格局就成了中国各民族的宝贵财富和文化遗产。

“多元一统” 的格局

在大一统文化思想基础上建立起来的唐王朝，是当时统一多民族中国的核心，中国的各民族共同处在大一统的中国之中，因此，当时的各民族曾经称呼唐太宗为“天可汗”，这是“一统”，因此从民族与国家的关系来看，可以称之为唐代的“多元一统”格局，那么对南诏发展历史的认识也应该以统一多民族中国发展的“多元一统”格局作为基点。

南诏国是统一多民族中国强盛时期唐代西南的一个地方民族政权，是在唐王朝支持下出现的，因此南诏国是统一多民族中国国家发展的产物，南诏国的发展历史深刻地反映了唐代统一多民族中国发展的历史特征，说明了统一多民族中国的历史发展既丰富多彩，又跌宕起伏，并非一帆风顺。

说到南诏国，我们首先需要对南诏的含义进行必要的解释。南诏的第一层含义是指一个民族群体，其族属是乌蛮，与秦汉时期的昆明族有直接的民族源流关系；南诏的第二层含义是南诏国王城的名称；唐朝初年，洱海地区有蒙嶲诏、越析诏、浪穹诏、邓赕诏、施浪诏、蒙舍诏等六个大的乌蛮部落，历史文献称为六诏，所以南诏的第三层含义是特指六诏当中的蒙舍诏，因为蒙舍诏在其他各诏的南边，所以就称为南诏。

云南大理崇圣寺三塔

唐武德四年（621 年），唐王朝在今云南省的姚安、大姚县一带设置了姚州云南郡，并以此为据点，深入西洱河地区招诱六诏乌蛮贵族，任命这些贵族担任羁縻州、县的州刺史和县令。蒙舍沼（南诏）的贵族接受了蒙舍州的设置，充任蒙舍州刺史。之后，蒙舍诏的首领在唐王朝的支持下，火烧松明楼，消灭了其他五诏，控制了洱海地区。可见，从一开始南诏的发展历史就与统一多民族中国的发展相联系。

与唐、吐蕃错综复杂的关系

公元738年，皮罗阁被唐玄宗封为云南王，唐玄宗封皮罗阁为云南王的战略目的，主要是为了让南诏牵制吐蕃。当时，吐蕃的军队进逼成都平原，在这样的形势之下，唐朝扶植南诏牵制吐蕃是一个重要的战略选择。因此，中国西南出现了唐王朝、吐蕃、南诏国三者之间错综复杂的关系。因此在讨论唐代统一多民族中国西南地区的历史时，是需要从唐朝、吐蕃、南诏三者之间的关系入手，分别对南诏与唐朝、南诏与吐蕃的关系进行分析。

（一）南诏与唐朝的关系

南诏与唐朝的关系是在统一多民族中国发展的历史过程当中展开的，从一开始就因为吐蕃、唐朝对西南地区的争夺左右着南诏与唐朝的关系。如果从唐朝支持蒙舍诏统一洱海地区开始，那么唐朝与南诏的关系可以概括为这么几个时期：唐高宗到唐玄宗时期是南诏依附唐朝时期，唐玄宗天宝年间到唐德宗大历年间是南诏依附吐蕃反唐时期，唐德宗建中年间到唐文宗太和年间是南诏与唐朝重新和好时期，唐文宗开成年间到唐昭宗时期南诏与唐朝的关系且战且和，并且一直延续到南诏、唐朝灭亡。

当唐朝支持南诏建立政权之后，南诏在唐朝的支持下得到了大发展，开始扩张，于是和唐朝巩固边疆的战略发生了冲突，不可避免地爆发了唐玄宗天宝年间的“天宝战争”。

“天宝战争”爆发的原因可以分为根本原因和直接原因。

根本原因是唐朝希望连通从戎州都督府到安南都护府的通道，并且把这一地区控制起来，因此唐朝派遣官员竹灵倩修建安宁城，但是却遭到地方政治势力爨氏的反对，所以唐朝让南诏的军队前来镇压，之后南诏的军队就乘此机会占领了滇池地区，这是根本原因。

“天宝战争”爆发的直接原因是天宝九年（公元 750 年），南诏王阁罗凤按惯例谒见时任云南太守张虔陀，而其妻竟受到张虔陀的侮辱，阁罗凤十分愤怒，上表控告，但朝廷不置可否，于是阁罗凤起兵问罪，杀张虔陀，攻城夺地数十处，成为引发天宝战争的直接原因，战争中南诏国得到了吐蕃的帮助，战争以南诏胜利结束，唐朝军队的将军李泌也战死在大理。值得注意的是阁罗凤在战后立“南诏德化碑”于国门，表明自己是不得已而叛唐，目的是希望以后唐朝容许南诏再归附。

唐代宗大历十四年（公元 779 年），阁罗凤去世，因为当时凤迦异也已经去世，所以南诏国立凤迦异的孙子异牟寻为南诏国国王，异牟寻当权之后，便集中了 20 万南诏国的军队与吐蕃军队兵分三路同时向唐朝进攻，但是这次南诏和吐蕃的联合军事行动遭到了唐朝军队的沉重打击，因为这次战争的失败，南诏和吐蕃产生了矛盾，所以吐蕃降格对待南诏国国王，把南诏国国王从“赞普钟”降为“日东王”。

在此背景之下，南诏国国王开始考虑与唐朝联合共同对付吐蕃。所以便有了贞元十年的会盟，这一时期成了唐、南诏间关系较好的时期。贞元会盟之后，南诏国国王异牟寻派遣其弟及清平官尹仇宽等 27 人“入献地图、方物，请复号南诏”(《新唐书·南诏传》)。唐德宗对此给予了很高的重视，而且还封了南诏国使者尹仇宽高溪郡王，拜为左散骑常侍。第二年，唐德宗册封异牟寻为南诏王，以祠部郎中袁滋持节领使，带领一批官员到南诏国进行册封“赐黄金印，文曰‘贞元册南诏印’”。袁滋等人到达南诏国都城时，受到了隆重的欢迎。

唐宪宗元和三年（公元 808 年），异牟寻去世，唐朝派太常卿武少仪“持节吊祭”。异牟寻的儿子寻阁劝即位为南诏国国王，唐朝马上改赐了“元和印章”，但是，寻阁劝仅仅在位一年就去世，儿子劝龙盛即位，劝龙盛在位 9 年，被弄栋节度王嵯巅所杀，立其弟劝利，对于劝利，唐朝没有马上赐印，而是在唐宪宗去世三年之后，唐穆宗长庆三年（公元 823 年）才赐印，由此可以说明唐朝对于南诏节度使王嵯巅杀劝龙盛立劝利是有意见的，是用不马上赐印承认劝利来表示唐朝的政治立场，同时也表达了南诏国与唐朝的关系是一种隶属关系，对于一个南诏国不合法的国王不马上承认，其中包含了唐朝处理这一政治事件的政治智慧。

从唐懿宗开始，唐朝进入了晚唐的衰微时期，南诏国与唐朝之间的和平友好关系基本结束，不断发动对唐朝的攻击。与初唐相比较我们可以发现，当时是唐朝为了抵制吐蕃向西南扩展，扶持南诏，双方的力量对比是唐朝强盛，南诏还处在刚刚开始发展的阶段，唐朝处在主导地位；而到了唐玄宗时，安史之乱正在酝酿之中，唐朝内部的许多矛盾正在显现，而南诏国也处在与唐朝、吐蕃的政治博弈之中，所以发生了唐朝与南诏的天宝之战，唐朝三次直接攻入南诏国的都城，所以仍然是唐朝处在主导地位。

公元 860 年，劝丰祐去世，南诏国继位的酋龙埋怨唐朝不来吊慰，而且发来的诏书都是给劝丰祐的，所以酋龙大为不快，进而称帝，建元“建极”，号“大礼国”，而唐懿宗认为酋龙的“龙”字犯了唐玄宗李隆基“隆”字的讳，也决定彻底断绝与南诏国的关系。至此，唐朝与南诏国表面上的和好关系结束。

在此，我们可以对唐朝与南诏关系进行几点分析：

第一，与初唐相比较我们可以发现，初唐时期唐朝为了抵制吐蕃向西南扩展，扶持南诏，双方的力量对比是唐朝强盛，但是到了晚唐时期，唐朝开始走下坡路，而此时南诏国那些有政治智慧的国王、清平官也都去世，再加上军事重臣如王嵯巅等人把持政治军事大事权，所以南诏开始不把唐朝放在眼中，发动向唐朝的大规模军事行动，极大地动摇了唐朝在西南的统治。

第二，在唐朝与南诏国最后的博弈中，唐朝与南诏的关系是一种且战且和的关系，但是正是在这种且战且和的博弈当中唐朝与南诏都耗尽了各自的实力，在相互斗争中两败俱伤。

第三，从统一多民族中国发展的角度来看，唐朝和南诏国的关系较为复杂，当唐朝强盛，希望建设一个强大的统一多民族中国时，积极以文化的、政治的、军事的各种方法与边疆民族建立友好关系，但是当唐王朝开始走向衰弱的时候，唐朝与边疆民族的博弈关系发生变化，唐朝希望建设统一多民族国家的愿望破灭，表现为边疆民族与唐朝不断发生以战争为表达的关系；而南诏在弱小的时候，表现为对唐朝的顺从，积极参与唐朝建设统一多民族中国的相关事务，例如帮助唐朝在地缘政治当中制约吐蕃势力进入西南，当南诏在地缘政治格局当中处在有利地位之时，就尽可能发展自己的政治力量、军事力量，与唐朝展开利益博弈，特别是当唐朝走向衰亡的时候，南诏国对唐朝的进攻是极其猛烈的。

综观唐朝、南诏间的关系，在皮罗阁、异牟寻时代，唐朝与南诏国的关系以和好为主流，而以后，战争又多于和平，以矛盾冲突为主流，面对南诏国的攻击，唐朝常常是疲于应付，虽然南诏后来有与唐朝建立友好关系的愿望，但是这时候的唐朝已经是强弩之末，已经无力来经营与南诏的关系，所以唐昭宗时南诏“遣使款黎州修好，昭宗不答。后中国乱，不复通”（《新唐书·南诏传》）。唐朝与南诏的关系走到了历史发展的尽头。

（二）南诏与吐蕃的关系

南诏的强大是唐朝和吐蕃为了争夺对洱海地区的控制权而出现的，但当南诏有能力与唐朝争夺实际利益时，双方产生了矛盾冲突，由于唐朝不能很好地处理与南诏国的关系，于是把南诏推到了吐蕃一边，南诏“北臣吐蕃，吐蕃以为弟，夷谓弟‘钟’，故称‘赞普钟’，给金印，号‘东帝’”（《新唐书·南诏传》）。从此，南诏与吐蕃成为兄弟之邦，共同对付唐朝，但双方仍有不少矛盾存在。

唐代宗大历十四年（公元779年），阁罗凤死，其孙异牟寻继立，南诏与吐蕃联合进击西川。结果是唐朝军队大败异牟寻，吐蕃把失败归罪于南诏，改封异牟寻为日东王，把兄弟之邦降为臣属关系，并进一步加重对南诏的求索——“然吐蕃责赋重数，悉夺其险立营候，岁索兵助防，异牟寻稍苦之”。

在南诏与吐蕃的关系出现危机时，南诏上层开始考虑如何处理与唐的关系。而就在这个复杂的形势之下，出现了一个对唐朝有深刻认识的历史人物郑回，郑回是唐朝的西泸县令，在南诏攻破唐朝的嶲州被虏，得到了阁罗凤的任用，担任清平官。因为曾经作为先生教过南诏国的王族子弟，所以郑回在这个时候劝说异牟寻与唐朝重新和好，异牟寻采纳了郑回的意见，开始私下谋划与唐朝接触，唐朝的剑南节度使韦皋因为能够很好地处理西南的民族问题，西南少数民族的首领对他颇有好感，于是一些少数民族的首领把异牟寻希望与唐朝交好的想法告诉了韦皋，韦皋得知南诏有归唐的愿望后，开始做争取南诏的工作。贞元七年（公元791年），韦皋派讨击副使段忠义携德宗敕书前往南诏招谕。韦皋为了排除南诏对吐蕃势力的畏惧心理，在贞元七年十二月派兵讨伐私下与吐蕃交往的勿邓鬼主苴梦冲，杀之，使唐朝兵力深入东蛮地区，直达南诏边境，有效地支援了南诏对抗吐蕃。

南诏希望与唐朝和好的愿望是十分强烈的，于是暗中派遣使者分三路向唐朝在西南的官员韦皋送信，从南诏给韦皋的信中可以看出以下两点信息：

第一，南诏国要找一个恰当的理由来说明自己当初与吐蕃联合是身不由己的，而且本来可以悔过自新，但是又因为唐朝的官员鲜于仲通的阻隔，所以“自新无由”。

第二，对于当时统一多民族中国境内各民族的政治格局和力量对比，南诏是相当的清楚，说明南诏并不是一个对统一多民族中国宏观政治格局毫无观察和思考的，他们会在众多的政治力量之间寻找适合自己生存发展的政治空间，所以南诏国的表态，恰好就是唐朝当时需要解决的民族关系的主要方面，即唐朝在北方与突厥的战争与和平、唐朝在西北部与回鹘的战争与和平、唐朝在西部与吐蕃的战争与和平，所以对于唐朝而言，南诏国的归附，恰恰可以实现遏制吐蕃向西南方向发展的战略目标。

韦皋收到信后，派人护送南诏国的使者到了长安，南诏国的使者向唐德宗面奏了异牟寻希望重新归附唐朝的愿望，向唐德宗献了黄金、丹砂，表示南诏国归顺唐朝的一片诚心，于是有了著名的唐朝与南诏国的贞元会盟。贞元会盟后，唐、南诏约定，共同讨伐吐蕃。而南诏与唐结盟之事，吐蕃并不知道，仍向南诏征兵。此时，吐蕃因为与回鹘发生战争，死伤十分严重，所以希望调动南诏国的军队一万人参加与回鹘的战斗。而这个时候异牟寻正想攻击吐蕃，就将计就计，表面上表示出南诏国很“寡弱”，仅仅派遣了五千人前往。异牟寻自己却亲自带领数万人跟随其后，不分白天黑夜地行进，最后在神川打败吐蕃的军队，斩断了铁桥，吐蕃的战士“溺死以万记，俘其五王”（《新唐书·南诏传》）。从此之后，吐蕃与南诏国的势力就基本是与金沙江为界，没有再进入西南以洱海为中心的地区。

唐德宗贞元十五年，异牟寻又开始谋划攻击吐蕃，唐德宗也同意出兵给予支持。而吐蕃也准备攻击南诏，异牟寻和韦皋闻讯后，积极准备迎战，结果，吐蕃大败，唐朝联合南诏攻击吐蕃的战略目标达到，南诏国也从吐蕃的控制当中解脱出来，于是南诏国与唐朝的关系有了进一步的发展“异牟寻比年献方物，天子礼之”（《新唐书·南诏传》）。

南诏的灭亡和大理国的建立

唐顺宗永贞元年（公元 805 年）以后，唐王朝进入了衰落时期，在大约 102 年的时间里，唐朝有十一个皇帝，这些皇帝或者被宦官控制，或者被外戚控制，或者被节度使等控制，表明这个时候的唐王朝已经衰落，于是南诏国发动了对唐王朝西南方向剑南西川和安南都护府的进攻。

唐文宗太和三年（公元 829 年），南诏国第一次攻入成都，在一般人的意识中，南诏国攻入成都一定是大肆掠夺，但是攻入成都的南诏国将士安慰成都百姓，不滋扰市场交易，秋毫不犯，上述行为至少可以说明两个方面的问题，其一，南诏国的统治集团心中对于唐朝是有敬畏的，能够正确处置南诏国与唐朝的关系；其二，南诏国对于汉民族文化的学习，使他们不做杀人放火的事。出人意料的是，在返回南诏时“乃掠子女、工技数万引而南”（《新唐书·南诏传》）。其目的是补充南诏国发展需要的劳动力，特别是社会发展中最重要的“工技”，因此南诏国军队撤退的时候才把青壮年劳动力和技术工匠带回南诏，在此次攻入成都的战役之后，南诏国的物质文化有了一个飞跃式的发展，历史学家说“南诏自是工文织，与中国埒

(liè，相同)”(《新唐书·南诏传下》)。这就是为什么我们今天还可以在云南大理看到具有中原汉民族文化特点的诸多文化遗迹，而大理也因此成为中华人民共和国成立之后第一批 24 个历史文化名城之一。

唐懿宗咸通年间（公元 860 年—公元 874 年）南诏国第二次攻成都。南诏国的军队一反第一次攻入成都的做法，却是“俘华民，必劓耳鼻已，纵之，既而居人刻木为耳鼻者十八”(《新唐书·南诏传》)。从历史发展的角度来看，这种做法反映了南诏国的当权者以消灭生产力的心理来对待唐朝的普通民众，这样的行径表明了南诏国即将灭亡。

从此唐朝与南诏国的关系发生巨大变化，南诏开始处于较为主动的地位，发动了对唐朝安南都护府的攻击。唐宣宗时，南诏国第一次进入安南都护府。当时，因为唐朝在安南的地方官员不能很好地执行唐太宗时期的民族政策，安南的少数民族首领邀请南诏国的军队帮助他们抵抗唐朝地方官员的盘剥，南诏占领了安南都护府之后，还派人驻守在安南，这在唐朝与南诏国关系史上是史无前例的。

唐咸通四年（公元 864 年），南诏又发动了对安南的强大攻势，安南都护的官员蔡袭全家被杀，城遭屠。唐朝为了有效抗拒南诏国对安南都护府的攻击，从中原征调了许多军队驻防，但是因为来自中原的战士不适应热带气候，战斗力严重不足。虽然唐朝对军事上的战略部署进行了调整，咸通七年（公元 867 年）唐朝大败南诏国在安南的军队，收复了安南。但是因为大量的中原汉族战士不适应南方的气候，开始反对这场战争，由此埋下了唐王朝灭亡的根子。

公元 868 年，驻守桂林的唐朝军队在庞勋的带领下从桂林起事反唐王朝，成了导致唐王朝灭亡的直接原因，所以唐王朝也在南诏国灭亡 5 年之后的公元 907 年灭亡，从此中国陷入了五代十国的分裂局面中。对此，《新唐书·南诏传》总结说：唐王朝灭亡的根本原因在于唐王朝与南诏国的矛盾冲突，直接原因是黄巢起义，黄巢起义的原因又与庞勋带领的桂林起义有关，即祸起于桂林，而根源是南诏。

由于南诏不断向北、向南发动攻击，不但给唐王朝造成了极大的消耗，同时，南诏自身也疲惫不堪，国库空虚，连十五岁以下的男子都征募参加战争，仅留下妇女耕种以供军饷，由此可见南诏在攻击唐朝的战争当中，大量消耗了社会财富和人力资源，很快衰弱下去，公元 902 年，南诏国的最后一个国王舜化贞去世，掌握实权的郑买嗣趁机发动政变，在五华楼下杀南诏国国王蒙氏宗族八百余人，结束了南诏国的统治。

虽然南诏国灭亡了，但是造成了巨大的社会动荡，西南地区政治极不稳定，因此在南诏国灭亡和大理国建立之间的 36 年当中，西南先后相继出现了三个小王国，即权臣郑买嗣建立的大长和国、清平官赵善政建立的大天兴国、杨干贞建立的大义宁国。大义宁国杨干贞当了国王之后，政治上也无多大建树，而且他“贪暴特甚”，引起不满，“中外咸怨”，这说明当时社会动乱的严重程度，所以在后晋天福二年（公元 937 年），“大义宁国”的通海节度使、白蛮贵族段思平起兵反杨，推翻了“大义宁国”，建立了大理国。

尽管南诏国后期衰退，但是仍然给大理国留下了许多物质和精神的财富，所以大理国建立后，各个生产部门的生产，较之南诏时期有显著的提高。

在农业生产方面，表现在水利工程范围的扩大和土地的大量开垦。在手工业方面是炼铁技术先进，制造出来的“大理刀”闻名全国，其锋利程度被描写为“吹毛透风”。畜牧业也很发达，“大理马”闻名全国，成为大理国与内地贸易的主要商品之一，每年都有数以千计的马卖给宋朝。精美的手工艺品也颇有特色，如用橡皮制造的甲胄，式样优美，质坚如铁，披毡、彩漆器皿也闻名全国。

随着农业、手工业的发展，商业也兴盛起来。当时输往内地的有马、羊、鸡等畜禽，有刀、毡、甲胄、漆器等手工艺品。而大理则从内地购入汉文书籍、丝绸、瓷器、药材等物品。据《马可·波罗行记》记载，鄯阐城（今昆明市）已发展为一个新兴的工商业城市。这为元代以鄯阐城作为云南的省会，创造了客观的物质条件。因此，我们可以这样认为，虽然宋代统一多民族中国没有实现大一统，但是大理国的发展，为元朝统一多民族中国在更大范围内的统一和各民族的大发展提供了诸多物质和精神的准备。

四点感受

第一，在南诏与唐朝、吐蕃的错综复杂关系中，南诏对统一多民族中国具有凝聚力的儒家文化是重视的，唐朝曾经派遣官员徐云虔到南诏国的东都善阐府进行实地考察，见到了南诏国国王隆舜，在徐云虔的眼中，隆舜没有什么国王的排场，似乎是一个少年贵族公子，但是出乎徐云虔意料的是隆舜居然要求他讲解《春秋》大义，这一个行动说明了当时南诏国是十分崇尚儒家文化的，正是因为如此，不论南诏国与唐朝发生过什么样的矛盾冲突，双方的文化联系、文化交流是没有中断的，双方在思想上是有友好交往的基础的，因此如果从统一多民族中国的发展历史来看，南诏国在西南地区的局部发展为后来更加强大的统一多民族中国的发展也奠定了相关的基础。

第二，唐王朝是继汉之后又一个强盛的统一多民族国家，多元一统格局总体上是稳定发展的。宋代，统一多民族中国的多元一统格局又一次遭到破坏，在南诏国基础上发展起来的大理国，在发展区域性经济文化的同时，客观上也在为下一个多元一统格局的到来作准备，所以元代能在全国十一个行省中设云南行省，与大理国的物质文化和精神文化积累是分不开的。

第三，多元一统的"多元"事实在统一多民族中国国家发展历史上从来没有发生过变化，而"一统"却在统一多民族中国的国家发展过程中有不同的内涵，具体来讲，"一统"可以分为两个层次，第一个层次是如汉唐这样多民族大一统历史时期，第二个层次是在不同时期的中国之内，同时存在着几个民族建立的政权，而每一个政权之内都有不同的民族存在，各自在这个政权之下发展着，为下一个历史时期范围更广的、规模更大的统一多民族中国的发展聚集力量，因此，在统一多民族中国的国家发展历史上，大一统是一种常态，但是在这个国家之内，有时候也还有同时并存着几个政权的历史事实，也正是因为如此，统一多民族中国杰出的政治家、帝王都把实现中国"多元一统"格局作为自己毕生的政治追求和政治理想。这一种历史传统正是今天统一多民族中国能够不断发展的巨大文化力量。因此，中国的大一统是历史的必然。

第四，中国各民族的团结是统一多民族中国发展的根本保证，民族团结则国泰民安、民族纷争则家国不宁，甚至是国破家亡；唯有一个强大的统一多民族中国，中国各民族才能共同繁荣、共同发展。

城与长城：中华文明的见证

段清波

1964年生，山西芮城人。现任西北大学文化遗产学院教授、博士生导师，陕西省考古学会理事，中国考古学会秦汉指导委员会理事，曾任秦始皇陵考古队队长、陕西省长城资源调查总领队。

城和长城是中华文明演化过程中最为重要和突出的两大标志。在中华民族多元一体格局形成的漫长历史中，城和长城基本伴随、见证了中华文明形成、发展的全过程。中心城市的出现是王国文明的见证，标志中华文明的诞生；长城的出现和发展伴随了帝国体制的构建、完善和衰败。两千五百余年间农业民族和游牧民族的互动交流以及农耕文明和游牧文明的共通融合，最终孕育形成了中华文明。

城与王国文明

考古学上一般把“金属工具、文字和城市的出现视为国家或文明出现的典型标志”。中华文明起源于龙山文化晚期，夏王朝属于王国时期，它的建立标志中国从此开始进入多元一体的复合型国家阶段。王国文明自夏朝开始直至春秋结束。

恩格斯曾说过“国家是文明社会的概括”，文明社会最重要和最本质的特征就是国家的形成。“建城是立国的标志”，像陶寺遗址那样的规模较大的中心城市的出现，标志着国家、中华文明的初步形成。中心城市的出现，也同样是世界上有些文明产生的标志，比如位于两河流域的苏美尔文明、尼罗河沿岸的埃及文明、印度河流域的哈拉帕文明和克里特岛上的米诺斯文明，都是伴随着青铜铸造业、文字以及发达的城市中心一起诞生的。中华文明探源工程已经取得“城市的出现是文明出现的重要标志”这一共识。

“城者，所以自守也”，标志国家出现的城并不是五六千年以前在大溪文化、仰韶文化、龙山文化中发现的一般概念上的普通城邑，也不是仅仅用高大围墙围护起来的大型聚落，而是由周边小型城邑环绕的中心城市。政治、宗教、经济、文化、军事等社会活动也是从这里开展，这种具有军事防御性质的中心城市的出现是天下共主式分封制的产物。

中心城市内不仅有宫殿宗庙、祭祀天地等高等级的建筑物，还有具备阶级和阶层的分化以及手工业专业化分工等特征的遗存。总面积 300 万平方米以上的山西省襄汾县的陶寺遗址，是黄河中游地区龙山时代晚期的一处以都城为中心和周边大小不等的各种聚落相结合而成的、具有国家特征的中心城市遗址。考古发现城墙、宫殿区、贵族居住区、祭祀、天文台和等级分明的墓葬群，以及象征王权的龙盘、陶鼓、鼍鼓、石磬、彩绘木器、彩绘陶器、玉石钺等奢华随葬品，包括在陶寺城址周边发现的由规模大小不等的遗址所构成的陶寺聚落群，这一切都表明该遗址是属于早期国家形态的超大型都邑，并且说明在五千年前的龙山文化晚期，黄河流域已经进入文明的初期阶段。

相当于夏代后期、遗址面积超过 400 万平方米的二里头遗址，发现多座宫殿、高等级墓葬、青铜爵和绿松石兽面纹铜牌饰等最早的青铜容器，包括“择中”的宫殿规划理念，均表明此阶段无疑早已进入文明时期。

长城的出现和长城地带的形成

战国开始，中国古代社会的治理体系逐渐从夏商西周以来以血缘宗法制为基础的分封制，开始向以地缘为基础的中央集权郡县制转变，完成这一转变用时将近 250 年。这一时期土地国有制彻底瓦解，新兴地主土地所有制得到确立和发展，与此相适应，战争的规模、方式和目的等也随之发生剧烈和根本的变化。

金山岭长城。河北省长城资源调查队摄

夏商周时期，在王城和大型城市中，王和各级贵族一般居住在城邑中更为尊贵和安全的区域，并且拥有至高无上的政治地位，掌握大量社会财富。因此，战国之前的战争主要为攻取王城或大型城市而掠取财富。时至战国，随着土地的价值日益凸显，土地兼并愈加激烈，从攻城发展到攻城略地、略人，战争的目的转向获取更多的土地和役使更多的人口以创造出更多的财富。

春秋时期列国之间矛盾更加激烈，战争的规模和残酷程度匪夷所思。各国都需要建立常备军来作战或防御，军队人数大增，车战的方式基本退出战场；作战目的由攻城掠夺财富转向攻城略地和获取人口资源，方式从城池的攻防转变为大规模的野战。史料记载，春秋时期自公元前722年至公元前464年间，只有38年没有战争，春秋初年时有诸侯国170多个；至战国时期，从公元前463年开始的242年间里虽然有89年都没有战争，但是，残酷的战争结果使得诸侯国仅剩七个，其数量消失速度惊人。

战国时期，战争的常态化和规模的扩大化进一步带来战争目的、规模、参与人数及惨烈程度的变化。此时战争的形式已由车战演变成车、步、骑三兵种的联合作战，兵器以弓弩和常规兵器为主；战争规模巨大，参战人数动辄数十万人，秦赵之间的长平之战曾持续一年之久，旷日持久的战争也让“战国”因此得名。战国后期，从公元前364年至公元前234年的130年间，秦国参与了15次大的战争，给对方造成的伤亡达148.9万人。

到了战国中期，在新的兼并与反兼并形势下，冲突日益激烈。为了满足自身安全和发展的需要，中原农业诸侯国们逐渐将过去战争的主要防御方式——封闭的城展开，变成长长墙体的形式，借助高大的墙体来抵御侵略。齐、燕、韩、赵、魏、秦、中山等诸侯国先后修建长城，多数长城是由防御一方主持修建的。

长城防御思想及形态最早脱胎于诸侯国间大规模兼并战争，到战国后期，由农耕文明首创的长城理念与实践运用到此时的农牧交错地带。在面对北方游牧邻居南下的强大压力下，秦、赵、燕三国将长城这种农业国家之间的防御方式移植到了农牧交错的地带，此后以长城地带为舞台，农耕文明和游牧文明在这里共同上演了一部长达两千多年的、惊心动魄的、塑造中华文明的文化交流融合的大戏。

何为长城？长城是从战国中期开始，由不同时代政治实体在边境修建的，以土、石、砖材料构建的，以墙体为主、由点及线再到面的、立体的军事防御体系。

长城是冷兵器时代最为重要的军事防御设施。从战国至清代两千多年间，12 个朝代、24 个政治实体先后修建了规模不等、长短不同的长城。中国历代长城分布的区域大致东起西辽河流域，经燕山、阴山、贺兰山，到达湟水流域和河西走廊，包括今天的内蒙古东南部、河北北部、山西北部、陕西北部、内蒙古中南部、宁夏、甘肃和青海的东北部，这个区域范围也被称作“长城地带”。虽然各个时代长城的分布位置有所差别，但除战国时期外，历代长城的大致走向却基本一致，即自东北向西南呈带状绵延分布。

长城地带的形成是生态环境、族群、文化等变动因素交互作用的复杂过程，与自然地形以及气候环境的变化息息相关。这一区域的经济形态时农时牧不断地发生变化，农牧的界线空间也随之南北频繁摆动，在新石器时代晚期基本上是农业区，后来变为游牧人往来驰骋的地带。历代长城大多分布在蒙古高原和华北平原、黄土高原的过渡区域，与我国的 400 毫米等降水量线走势基本一致。长城地带除了东西两端分别位于半湿润和半干旱地区外，大部分地段处于由半湿润气候向半干旱气候的过渡区。由于降水量、气候等因素的影响，这一地区也恰好处在我国农业和牧业的交汇处。从公元前 4 世纪开始，长城的修建逐渐转变成为以缓解农耕与游牧政权之间冲突、维护长城内外社会经济秩序为目的。

历代长城

长城是世界上延续时间最长、分布范围最广、军防体系最复杂、规模最庞大和影响最深远的文化遗产类型，历代长城承载着中华民族形成与发展的历史。

多数时代的长城是农业民族防御游牧民族南侵的产物，它历经战国（齐、楚、燕、赵、魏、秦、中山、鲁）、秦、汉、南北朝（北魏、东魏、北齐）、隋、唐（含渤海国、高句丽、吐谷浑）、北宋、西夏、辽、金、明、清等朝代两千多年的修建，至今存留 21 196.18 千米，分布在黑龙江、吉林、辽宁、河北、天津、北京、山西、内蒙古、山东、河南、陕西、甘肃、青海、宁夏、新疆等 15 个省（市、自治区）的 404 个区（县）。

内蒙古自治区境内的秦汉长城。内蒙古自治区长城调查队摄

多数时代的长城并不是一次修建的，在同一时代的不同阶段，因防御方向不同建造的长城路线也会有所偏差，即使是同一时代，也存在先后修建多条长城的现象。长城也不是简单的一道墙体，随着战争方式、武器种类的变化和差异，其修建经历了从简单到复杂的发展过程。开始是片段的墙体，后来逐渐演变成连绵不断的、人工修筑的、以土石砖为墙体的连续性墙体；再到后来尤其是明代，长城最后演变成为由烽火台、墙壕、营堡、交通供给线等组成的，点、线、面纵深立体的军事防御体系。

战国中期，各农业诸侯国开始修建的长城并非是连续性的高墙，除秦国以外均未发现墙顶有覆瓦的现象，修建的目的既出于各个诸侯国之间的防范，如魏长城、赵南长城、燕南长城，也为阻止北方游牧民族的南下进攻，例如燕北长城、赵北长城及秦昭王长城。公元前 4 世纪前后，齐国、中山国、燕国、赵国、魏国、秦国等也分别在其境内修建了长城。列国中，齐长城修建得最早（公元前 408 年），而秦昭王长城修建得最晚（公元前 272 年）。其中，魏长城有三道，赵国在其南北界均修建了长城，燕长城亦有两道。

帝国时期的长城是集墙体、壕、天险、障、道路、后勤等为一体的立体性防御体系，并且几乎所有时代的长城均分布在长城地带。为了解除匈奴对秦王朝的威胁以及保障中原地区的安全，秦帝国“因地形，用制险塞，起临洮，至辽东，延袤万余里”。汉高祖刘邦下令修缮秦昭王所建长城，与匈奴于“故塞”为界；武帝时，数次北击匈奴使其退居漠北，同时修建汉内外长城；自元狩年间起，修筑了从今甘肃省永登县至酒泉的河西长城；公元前111年至公元前110年，长城从酒泉向西延至玉门关；公元前104年至公元前101年，不仅从玉门关向西增筑烽燧至今新疆罗布泊，而且随后还在长城沿线增筑了许多亭障、列城等。魏晋南北朝时期，北魏、东魏、北齐政权为了防止柔然民族南下均修建了长城，其中北魏长城有两段。隋代曾七次修建长城。

唐宋时期长城的修建几乎停滞。辽、金时期在内蒙古草原修建了界壕以防蒙古人南下，其中金界壕在大定、明昌年间（公元1161年—公元1195年）的大规模修建，分布在今黑龙江、内蒙古境内。

明长城的修建经过了两个阶段，前期（公元1368年—公元1447年）主要是进行小规模的修缮，添加若干防御设施，此阶段明蒙双方的对峙相对和缓；1449年以后，形势发生了巨大变化，开始大规模地修建长城。1471年修建了宁夏至陕西北部的长城；1560年又造宣府、大同镇边墙千余里，同时建造了大量的烽堠；1568年，戚继光重修了东起山海关西到居庸关的蓟镇长城，并且设计修建了空心敌台。此外，明朝还兴建了由甘肃省景泰县向南再折向西北，直抵嘉峪关的长城；永乐至成化年间还数次修建了辽东长城，对现有长城也屡次修缮或部分增筑。

清代于崇德三年（公元1638年）至康熙二十六年（公元1697年）间，在长达59年的时间里，陆续修建的一道北起法特哈（今吉林舒兰县西）、东至凤凰城（今辽宁凤城）、西至山海关的长达2 640余里的“人字形”特殊防御工事，其主要功能是防止内地居民出关垦殖。该工事的建筑方法为掘土为壕，壕内引水，以壕内之土堆为堤，堤上植柳并以绳结之，故称之为柳条边。

长城是帝国文明的伟大遗产

人类所创造的物质文化是在一系列社会性因素制约下形成的，是不同历史时期宇宙观、社会治理体系以及核心文化价值观三者交互作用的结果，反映了当时社会发展阶段的生产技术水平和思想文化程度。长城不是中华大地上一道道自然的、物理的、僵死的、割裂的、逐渐消失的人工堆砌物，而是一条条连贯的、前后相续的、始终涌动的、奔腾的、鲜活的、与历史交融的、蕴含文化意义的伟大遗存。长城是中国五千年文明半数历程的见证者，帝国历史与长城建造相始终，长城与帝国文明彼此成就。

战国时期是中国古代从王国制到帝国制的巨大转型期。此时，夏商周以来所形成的王国制社会治理体系已经不适合社会发展的需要了，且这种不适是全方位的，社会各个阶层都有此认知并努力探索变革，“百家争鸣”本质上就是不同学术流派对社会治理体系全方位思考的概括和总结。各国在迷茫中纷纷进行变法，郡县制的萌芽已经出现，直至秦帝国及西汉，以阴阳五行相克相生为宇宙观，以对立、变通为思维方式，以地缘大一统中央集权郡县制为社会治理体系，以规矩为核心文化价值观的为人处世方式的汉文明体系逐渐构建完成。

新的社会发展态势促成了新的防御方式，打开封闭式的围墙，利用长长的墙体来防御的军事工事相继在边境出现。战国中期，长城还主要修建在中原地区，是各农业国家之间相互防御的产物；战国后期，长城开始出现在农业民族和游牧民族交汇的地带（秦赵燕），并且几乎都是农业民族为了防御游牧民族而修建的。

自战国开始的社会治理体系探索经过两百多年的实践，以公元前 221 年秦始皇统一中国为标志，大一统理念下的中央集权郡县制社会治理体系构建完成。从此，古代社会开始从王国时期进入帝国时期。帝国时期最重要的文化遗产就是长城，作为农耕民族防御游牧民族的军事防御工程，从秦汉至明清，它一直横亘在农业和游牧两大世界之间。长城与帝国文明的兴衰相始终。

一个有趣的现象是，在秦帝国建立之前，北部的匈奴族也是部落林立互不相属；秦帝国建立十年后，前所未见的统一的草原游牧帝国也横空出世，从此开始直到近代热兵器流行结束，围绕长城所进行的农耕民族和游牧民族之间的互动，始终是中华文明演变过程中的主旋律。

长城成就了中华文明

长城的出现以及长城地带的形成，是农耕文明和游牧文明互动碰撞的结果。没有秦汉帝国，就没有匈奴帝国，中原集权帝国的形成过程，也是游牧帝国的形成过程。

随着环境的变迁以及农耕和游牧政权你进我退的变化，长城分布的具体区域也有不同。长城地带农业与游牧民族之间的碰撞与交流，不但是北方各游牧民族间交流融合的过程，也是农耕文明与游牧文明之间长期交流融合的过程，还是中国统一多民族国家形成和发展的重要过程。长城的修筑以军事需要为起点，以民族融合、中华文化认同为终结，这一伟大的军事工程见证了统一多民族国家的形成和发展。

长城地带的文化交流“你中有我，我中有你”，总体上呈现出相互渗透、交流融合的趋势。以农耕文明为主体的中华文明在长期发展过程中，尤其是在帝国时期，假如没有与游牧文明之间频繁的互动，中华文明也许呈现不出绵延不绝、生动活泼的态势。汉初匈奴“常往来盗边”，西汉政权在处于劣势的情形之下，被迫“约结和亲、赂遗单于，冀以救安边境；奉宗室女为单于阏氏，岁奉匈奴絮、缯、酒、实物各有数”。应该说，和亲及互市是农牧文化交流最直接的方式，这样的缓兵之计对当时中原社会经济的恢复与发展，起到了积极的作用。明代“烽火不惊，三军晏眠，边圉之民，室家相保，弄狎于野，商贾夜行”，隆庆五年（公元 1571 年）开始在边境上开设常态化的互市，边境线上对峙的局面为之大变。

两千多年间，在围绕长城的交往互动中，在农业和游牧民族相互促进、共同发展下，形成了中华文明独特的、多元统一的文化面貌，而多元化恰恰是维持中华文明不断革新和强大的保障。长城的历史证明，中华文明至少是由农耕文明与游牧文明一起构建完成的，农业民族和游牧民族都是中华文明的缔造者。

考古所见中原文化和北方游牧文化交流的重要实物资料不胜枚举。汉族的语言文字、思想制度、文化艺术深刻地影响着长城地带游牧民族的文化发展。《汉书》保留着匈奴与秦汉王朝长期书信往来的资料，表明秦汉时期尚无文字的匈奴便已经通晓和使用汉语。西岔沟墓地发现长短兵器、马具和较为贵重的金银饰品，包括具有汉族风格的文物铁镬、铁斧、绳纹陶器、各式刀剑、鎏金马具、铜镜、配饰、货币等。上孙家寨匈奴墓葬发现随葬的铜镜、五铢钱以及仓、灶、井等明器，完全和汉文化的特征相一致，并且砖室墓与东汉中原地区汉墓形制无异。南越王墓、江苏徐州楚王墓中出土金、铜带饰。新疆罗布泊、辽宁西丰县的汉代墓葬出土了中原地区的铁斧、铁刀、铁镞、铁剑。蒙古高原和西域地区也都有发现汉代的钱币、铜镜、瓦当、生产工具等。此外，汉代龟兹国“汉乐衣服制度，归其国，治宫室，作微道，周卫，出入传呼，撞击钟鼓，如汉家仪”；蒙古鄂尔德尼昭哈拉和林遗址以北“包括城市、堡寨、城堡及农业郊区。……瓦当和铺首的纹饰均为唐代晚期的风格。遗留在城堡内宫殿基址上的瓦当上亦存在唐晚期的纹饰”的发现等。

历史上农耕文化对游牧文化产生了极大的影响。农耕文化发展较早，其体系也较为成熟和完整，对北方的游牧文化产生了极大的影响。在农耕文化向长城地带各少数民族地区传播扩散的同时，各民族文化也在向中原汇聚，使得中原文化在发展中也吸收了各民族文化的养分和智慧，而且衣、食、住、行无所不包，塑造了长城地带文化的包容性和多样性。据考证，从赵武灵王提倡胡服到清代的旗袍、马褂，古代中原民族上衣下裳、宽领褒袖的笨重服饰有了重大的转变。伴随魏晋时期大批北方游牧民族从长城以北的东北地区或蒙古草原进入长城地带或其以南的中原腹地，“胡床”带入农耕地区并改变了中原民族席地而坐的习惯。随着小麦、大麦以及磨面方法从西域和其他民族地区的传入，改变了中原汉族以五谷为饭的膳食种类。家用畜力中的马，主要是从蒙古高原引入长城以南，汉代极为有名的汗血宝马传入中原后备受珍惜。此外，在新疆阿拉沟、鱼儿沟等地西周至战国末期的墓葬中发现的骡子骨骼，经鉴定其最早应该是蒙古高原地区的游牧者培育出来的。而在艺术文化方面，诸如笛、琵琶、箜篌、胡琴等乐器以及音乐音律、歌舞杂技等自南北朝时传入中原后，对中原的戏剧、宋词、元曲均产生了极大影响；大同云冈等石窟艺术以及敦煌的壁画艺术等，都是长城地带各民族乃至世界艺术的汇聚。

民族融合发生、发展的过程同时也是多元一体中华民族形成、发展的过程。不论是农业民族政权还是游牧民族政权，当他们主导中原后，自觉不自觉地都希望能够统一中国，这种思想的形成是长期以来民族融合最好的也是必然的趋势。尤其是游牧民族政权入主中原后，想要稳定和谐发展就必须与农业民族的思想文化进行融合，在政治、经济、文化等方方面面与汉民族达到契合，这正是农业民族与各民族不断融合最后形成多元一体的中华民族的重要过程。虽然长城地带各民族的起源地域各异，但在几千年相互打交道的过程中，通过交流与学习所进行的“民族融合”已不再是简单的“汉化”或者“胡化”，而是更深层次的诸如文化、思想等方面的深度交融。各民族文化“你中有我，我中有你”，在保有自己风俗习惯的同时，又兼具其他民族的文化特征，这才使得中华民族文化朝着多元化方向不断发展，促成了中华民族真正的繁荣，塑造了中华文明的独特性和包容性。费孝通说：“中华民族作为一个自觉的民族实体，是近百年来中国和西方列强对抗中出现的，但作为一个自在的民族实体则是几千年的历史过程中所形成的。”自从长城修建以来，长城内外逐渐形成了农牧两大经济体。两千多年来，长城内的农业民族通过屯垦移民和通商等方式在这里形成了一个巨大的网络，把长城内外各民族联结在一起，成为中华民族自在民族实体形成中重要的一部分，长城见证了农牧双方发展的历史进程，也因此成为中华民族的象征。

农耕文明与游牧文明缔造中华文明

文明始于城，帝国与长城相始终；农耕文明与游牧文明一起缔造了中华文明，城和长城共同见证了中华文明的发展历程。中心城市出现在以血缘宗法分封制为社会治理体系的夏代，而长城出现在从分封制向中央集权郡县制转变的战国时期，从战国之后到大一统帝国时期的秦汉、隋唐、明清等时期，均修造有大量的长城。因此，城和长城一起，共同见证了中华文明的起源与发展。

中华文明由农耕文明和游牧文明共同构成，缺失游牧文化的中国文化，是不可想象的。陈寅恪先生早就指出：“李唐一族之所以崛兴，盖取塞外野蛮精悍之血，注入中原文化颓废之躯，旧染既除，新机重启，扩大恢张，遂能别创空前之世局。”自从长城修建以来，长城内外逐渐形成了农牧两大统一体。从修建形式上讲，长城似乎是一条有形屏障防御线，把农耕社会与游牧社会分割开来，实则不然，长城作为防御体系兼具一定的开放性，对内反映在长城的修建要与周围环境诸如地形、耕地、水源及前方、后方构成联系，对外则表现为通过千万座连迓长城内外的关隘而将农耕和游牧地区紧密地联系起来。农耕与游牧是东亚大陆两种基本的经济类型，也是中华文明的两个彼此不断交流的源泉，历经数千年相互融合、互为补充，它们汇成气象恢宏的中华文化。中华文明史中不但有以“耕”为核心的文化，也有以“牧”为核心的文化，正是两者的碰撞、交流、融合和演进，才缔造了优秀的中华文明。

长城地带农牧之间自史前时期就进行着持续的、规模日益扩大的文化交流。长城地带各民族对中国古代文化发展所做出的突出贡献，充分体现了以农业文化为主导向四周辐射、各民族文化呈多元不平衡发展并向中原文化汇聚的特征。农业文化和游牧文化互相交流碰撞、相互借鉴吸收，在和谐共生、共同发展中创造了绚丽多姿而伟大的中华文明。